DUMONT
DIREKT

Triest

Annette Krus-Bonazza

Inhalt

Das Beste zu Beginn

Durch und durch maritim
Man sieht es, hört es, riecht es, spürt es und schmeckt es! Das Meer prägt das Stadtbild von Triest und schwappt fast unmittelbar bis an die am Wasser gelegene, grandiose **Piazza dell'Unità d'Italia** (🗺 F/G 5), auf der ich sofort dem maritimen Charme der Hafenstadt erlegen war.

Wind und Wetter
Quasi ein Markenzeichen von Triest ist die ruppige **Bora** (► S. 79), die im Winter mit weit über 100 km/h vom Hinterland aufs Meer bläst und von den Einheimischen zugleich gefürchtet und geliebt wird. Ich traf im September ihre kleine Schwester, im Lokalsprech *borìn,* die mir die Brille von der Nase in Richtung Meer fegte.

Kaffeeduft
Triest riecht von oben bis unten nach Kaffee! Es hat seit Jahrhunderten Erfahrung mit dem Rösten von Kaffee, dessen betörender Duft aus historischen Kaffeehäusern und zahllosen Espressobars dringt. Es gibt sogar eine **Kaffeeuniversität** (► S. 51), an der man die richtige Zubereitung – übrigens tatsächlich eine Wissenschaft für sich – studieren kann.

Wiener Flair
Wenn Sie Wien kennen, wird Ihnen Triest irgendwie vertraut vorkommen. Denn so mancher historische Stararchitekt hat sich in beiden Städten ausgetobt und auch mehr als 500 Jahre österreichische Herrschaft haben hier tiefe kulinarische Spuren hinterlassen.

Fisch muss schwimmen
Ich mag Fisch und Meeresfrüchte in allen Variationen und trinke dazu – und auch noch danach – gern ein Gläschen Weißwein. Wenn es Ihnen genauso geht, werden Sie ebenso wie ich von Triests tollen Fischrestaurants und Weinlokalen begeistert sein.

Multikulti
Auf dem Balkon meiner Unterkunft lernte ich eine ältere Dame im Haus nebenan kennen. Sie erzählte mir in gutem Deutsch, dass sie österreichische Vorfahren habe und ihr jüdischer Großvater unter Triests deutscher Besatzung ›verschwunden‹ sei. Sie selbst sei protestantisch getauft, zum Katholizismus konvertiert und bete inzwischen – wegen der netten Damen in der Gemeinde – griechisch-orthodox: multikulti à la Triest!

Inside Triest
Mein Freund Antonio gründete vor 24 Jahren die **Piccola Università Italiana** (http://piccolauniversitaitaliana.com) in Kalabrien. Seine österreichische Lebensgefährtin Simone leitet seit sechs Jahren die Filiale in einem historischen Palazzo in Triest: Tolles Lehrpersonal, organisierte Restaurant-, Opern- und Konzertbesuche, Weinverkostungen und Kochkurse. Wenn Sie Triest mit den *locals* kennen und dabei Italienisch lernen möchten, nichts wie hin!

Männer und Frauen unter sich
Im **Bagno Lanterna** (► S. 68) baden Frauen und Männer seit k. u. k.-Zeiten getrennt. Meine Triestiner Freundinnen finden das gut. Auch ich war begeistert von der netten Atmosphäre im Handtuchkreise meiner Geschlechtsgenossinnen von 8 bis 80.

Lebenslust
Die beiden Weltkriege sind tiefer als anderswo im kollektiven Gedächtnis der Stadt eingegraben und Thema mehrerer Museen. Vielleicht ist gerade das der Grund dafür, dass das Leben hier offenbar genossen und besonders ausgelassen gefeiert wird.

Manchmal brauche ich eine Weile, bis ich weiß, ob ich eine Stadt mag. Triest hat mir auf Anhieb und auch bei genauerem Hinsehen gut gefallen, gerade weil es vielerorts noch unprätentiös, alltagscharmant und authentisch ist.

Fragen? Erfahrungen? Ideen?

Ich freue mich auf Post.

Mein Postfach bei DuMont:
krus-bonazza@dumontreise.de

Das ist Triest

Die Handelshafenmetropole öffnet sich vor einem karstigen Hochplateau zum Meer und bietet auf allen Stadtetagen beste Aussichten auf die blaue Adria. Sie lockt hier mit urbaner Grandezza und dort mit dem rauen Charme einer Hafenstadt, vereint mediterrane und mitteleuropäische Lebensart und war schon lange, bevor dieser Begriff geprägt wurde, multikulturell.

International bewegte Vergangenheit

Triests historische Keimzelle ist die um 50 v. Chr. gegründete römische Kolonie Tergeste auf dem Küstenhügel Colle di San Giusto. Auf deren Ruinen wuchs die mittelalterliche Stadt, die sich allmählich zum Meer hin ausdehnte, eine Weile ostgotisch, byzantinisch und langobardisch und seit Ende des 8. Jh. Teil des römisch-deutschen Reiches war. Sie wurde 1202 von den Venezianern erobert und kroch 1382 unter österreichisch-habsburgische Fittiche, wo sie – abgesehen von kurzen venezianischen und napoleonischen Intermezzi – lange bleiben, wachsen und gedeihen sollte. 1918 besiegten die Italiener die Österreicher und gemeindeten Triest ein Jahr später ein. Im Zweiten Weltkrieg wurde es von Nazis besetzt und von Titos Partisanen belagert, ab 1945 von der UNO verwaltet und vor dem sozialistischen Jugoslawien beschützt. 1954 kehrte Triest heim nach Italien, was erst durch den 1975 ratifizierten italienisch-jugoslawischen Vertrag von Osimo völkerrechtlich amtlich war. Die Hafenstadt war schon 1963 zur Kapitale der autonomen Region Friaul-Julisch Venetien avanciert und wurde mit dem EU-Beitritt Sloweniens (2004) aus ihrer langjährigen Randlage befreit.

Bunte Stadtgesellschaft

Die völkerbewegte Vergangenheit prägt Familiengeschichten und -namen, Mundart und Mentalität der Triestiner, die schon mehrheitlich Italiener waren, ehe sie 1919 offiziell italienisch wurden. Allerdings wohnten in der florierenden habsburgischen Hafenstadt auch viele Österreicher, Slawen aus allen Ländern der Donaumonarchie, deutsche Intellektuelle, griechische Kaufleute und eine ethnisch heterogene jüdische Community. Heute gehören 7,1 % der 204 324 Einwohner (Feb. 2017) der slowenischen Minderheit an. 9,7 % sind auch de jure Ausländer, unter denen Serben, Rumänen und Kroaten quantitativ die Nase vorn haben. Man spricht vornehmlich Italienisch und am liebsten Triestino, das auf dem venezianischen Dialekt basiert und von slowenischen, kroatischen, deutschen und griechischen Idiomen durchsetzt ist. Für das Seelenheil der multikulturellen Stadtgesellschaft sorgen katholische, evangelische, griechisch- und serbisch-orthodoxe Kirchen, Synagoge und Moschee. Dass Triest auch kulinarisch international ist, liegt auf der Hand bzw. dem Teller, der hier mit *pasta, pizza* und *pesce,* Knödel, Kraut und Kren, der slowenischen *jota* oder *riso alla greca* gefüllt wird.

Wirtschaft und Wissenschaft

Triest lebt seit k. u. k.-Zeiten von Schiffsbau und Versicherungswesen und betreibt den größten Handelshafen des Belpaese, wofür so große Werft-

Es geht bergauf: Wenn Sie diesen Blick über Triest und seinen (alten) Hafen genießen möchten, müssen Sie den Altstadthügel Colle San Giusto erklimmen.

namen wie Fincantieri oder der Versicherungsriese Generali stehen. In der Adriastadt landet gut ein Drittel des nach Italien importierten Rohkaffees an, von dem so mancher Sack direkt vor Ort verarbeitet und verpackt wird. Die meisten Bohnen röstet die Familie Illy, mittlerweile Synonym für Kaffeekultur, die in Triest schon seit dem 18. Jh. leidenschaftlich gepflegt wird. Den Löwenteil an den im Hafen umgeschlagenen Waren hat Rohöl, das von hier durch eine transalpine Pipeline nach Österreich und Deutschland fließt. Triest sendet und empfängt Fähren nach Griechenland und Albanien, ist Destination von Kreuzfahrtschiffen und auch in Sachen Wissenschaft und Forschung eine Stadt von Welt. Es ist Universitätsstandort und Sitz mehrerer internationaler Institute, die in Physik, Biotechnologie, Umwelttechnik, Medizin und Informatik innovativ sind, und glänzt im Jahre 2020 als European City of Science.

Stadt und (Hinter-)Land

Triest imponiert mit römischen Ruinen, mittelalterlicher Kathedrale und mächtigem Kastell, neoklassizistischen Palazzi Prozzi und Jugendstiljuwelen aus der Ära der Habsburger. Es gefällt mit nostalgischen Altstadtgassen und einer herrlichen Adriapromenade und hat sogar einen Canal Grande, der im Vergleich zum berühmten Vorbild in Venedig eher *piccolo* ausfällt. Ganzer städtebaulicher Stolz ist die Piazza dell'Unità d'Italia, Europas größter und vielleicht sogar schönster Stadtplatz am Meer. Vor den Toren der Stadt säumen die Traumschlösser Miramare und Duino und die gemauerten Uferpromenaden und naturbelassenen Felsenbuchten von Barcola, Sistiana und Duino die schöne blaue Adria. Auf ihrem karstigen Bergrücken tun sich urzeitliche Grotten auf, verlaufen herrliche Wanderwege und wächst ein ganz besonderer Wein. Die Triestiner verkosten ihn direkt vor Ort in sogenannten *osmize* oder frönen dem Dolce Vita mitten der Stadt, wo es quasi flächendeckend Lokale für jeden Gusto und Geldbeutel hat.

Triest in Zahlen

1

Euro kostet der Eintritt im retrocharmanten Bagno Lanterna, wo Männlein und Weiblein wie anno dazumal getrennt (sonnen-) baden.

11

Jahre lang, nämlich von 1904 bis 1915, lebte der berühmte irische Schriftsteller James Joyce in Triest.

26

Prozent Steigung überwindet die historische Standseilbahn Tram di Opicina, die sich von der Piazza Oberdan ins gleichnamige Karstdörfchen hinaufquält.

7,1

Prozent der Triestiner gehören der slowenischen Minderheit an.

59

Millionen Tonnen Waren, davon 43 Millionen Flüssiggut wie Erdöl, wurden 2016 im Hafen von Triest umgeschlagen.

68

m hoch ist der Leuchtturm Faro della Vittoria in Triests Badequartier Barcola.

85

km² Fläche misst Triest, wobei auf einem von ihnen durchschnittlich 2400 Menschen leben.

250

km/h maximal erreichen die heftigsten Böen des kalten Nordwinds Bora, der im Winter vom slowenischen Hinterland kommend über die Stadt bläst.

500

Stufen führen hinab in die Grotta Gigante bei Triest, die als größte Tropfsteinhöhle Europas gilt.

536

Jahre lang herrschten die Österreicher über Triest.

1500

Tassen Kaffee schlürft ein Triestiner pro Jahr und damit doppelt so viel wie seine Landsleute anderswo in Italien.

2000

Segelyachten durchschnittlich gehen bei der Triestiner Segelragatta Barcolana an den Start.

16 000

m^2 misst Triests Piazza dell' Unità d'Italia und ist damit Europas größter Stadtplatz am Meer.

16 254

Studierende waren im Herbst 2017 an der Universität von Triest eingeschrieben.

388 990

Touristen besuchten von Januar bis September 2017 Triest.

Was ist wo?

Starten Sie mit einem guten Kaffee auf der Piazza dell'Unità d'Italia mit unverbauter Aussicht aufs Meer und den ebenso eleganten Stadtsalons Piazza della Borsa und Piazza Verdi gleich nebenan. Von dort geht's hinauf auf den Altstadthügel oder entlang der Adriaufer in den Borgo Teresiano und Borgo Giuseppino, hinter denen der alte bzw. neue Hafen faszinieren. Boot oder Bus bringen Sie zu den Schlössern Miramare und Duino und weinseligen Bauerndörfern auf dem Karst.

Colle San Giusto

Auf dem Küstenhügel **Colle di San Giusto** (G–J 6/7), wo um 50 v. Chr. die römische Kolonie Tergeste gegründet wurde, enthüllt sich Triests antike und mittelalterliche Vergangenheit, die angesichts von Ruinen, Kathedrale und Kastell zu imaginieren und in mehreren Museen zu studieren ist. Auch wenn man sich nicht für alte Zeiten interessiert, lohnt der Aufstieg, weil sich von hier oben ein herrliches **Stadt- und Küstenpanorama** bietet und in einem Flügel des Schlosses das auf Fotokunst kaprizierte **Alinari Image Museum** stets spannende Ausstellungen in petto hat.

Riborgo (Ghetto ebraico)

Das Altstadtquartier **Riborgo** (G–J 5/6) entspricht dem ehemaligen jüdischen Ghetto. Durch die **Portizza di Riborgo** taucht man von der großzügigen **Piazza della Borsa** in ein von schmalen Gassen durchzogenes, gastronomisch und kommerziell lebendiges Stadtviertel ein. An dessen oberen Rand erzählt das **Museo Ebraico** (J 6, Jüdisches Museum, Museo della Comunità Ebraica di Trieste »Carlo e Vera Wagner«) an der steil ansteigenden **Via del Monte** die Geschichte von Triests jüdischer Community, die zwar inzwischen nur noch 600 Mitglieder, aber mit der 1912 für mehrere Tausend Juden erbauten **Synagoge** (L 3/4) an der Via San Francesco das zweitgrößte jüdische Gotteshaus Europas hat.

Cavana

Die **Cavana** (E/F 5–7) schmiegt sich in unmittelbarer Nachbarschaft der Piazza dell'Unità an den kastellgekrönten Altstadthügel. Seit Mitte der 1990er-Jahre hat sich der bis dahin verwahrloste Stadtteil von einer eher düsteren No-go-Area zum trendigen ›Place to be‹ gemausert und ist ein Paradebeispiel für Gentrifizierung. Die frisch herausgeputzten historischen *palazzi* sind bevorzugte Domizile und gefällige Kulissen für zeitgeistig-alternative Lokale und Geschäfte. Insbesondere die Achse **Piazza Cavana – Via Cavana – Piazza Hortis – Via Torino** gibt sich als sympathische Movida mit metropolitanem Flair. An der **Piazza Hortis** grüßt eine bronzene Inkarnation von Lokalmatador Italo Svevo, dem man zusammen mit seinem Wahltriestiner Dichterkollegen James Joyce ein **Museum** (F 7) gewidmet hat.

Borgo Giuseppino

Die Via Torino verbindet die Cavana mit dem **Borgo Giuseppino** (C–E 6–8), der unter Joseph II. (1741–90) geplant, aber erst nach dessen Ableben fertig wurde. Die Triestiner Josefsstadt säumt die Adria zwischen Riva Nazario Sauro und Riva Grumula. Ihr städtebauliches Herz schlägt an der **Piazza Venezia** (D 7), mit ihrem Denkmal für Maximilian von Habsburg. An der Einmündung von Via Diaz und Via Torino imponiert das **Museo Revoltella** (E 7) mit hochkarätiger moderner Kunst. An der Via Torino kann man Tag und Nacht dem Dolce Vita frönen und sich im **Civico Museo della Civiltà Istriana Fiumana e Dalmata** (🕮 E 7) über das Schicksal der nach 1945 von der Halbinsel Istrien vertriebenen Italiener informieren.

Borgo Teresiano

Der in städtebaulicher Gestalt eines Schachbretts angelegte Stadtteil **Borgo Teresiano** (🕮 G–K 3–5) entstand im 18. Jh. auf Geheiß der österreichischen Kaiserin Maria-Theresia. Er ist von mehrstöckigen Wohn- und Geschäftshäusern geprägt und von mehreren christlichen Kirchen beseelt, darunter eine griechisch- und eine serbisch-orthodoxe. Mittendrin fließt der von einladenden Lokalen gesäumte **Canal Grande** (🕮 G–J 4), der vom **Ponte Rosso** mit einer bronzenen Hommage an James Joyce überspannt wird. Die Brücke führt zur gleichnamigen Piazza mit allmorgendlichem Obst-, Gemüse- und Blumenmarkt. Fans von Veit Heinichen finden im Borgo Teresiano die **Piazza San Giovanni** (🕮 K 4/5) mit Commissario Laurentis Stammlokal Gran Malabar, Kauflustige die Shoppingmeilen **Corso Italia** (🕮 H–K 5) und **Via Carducci** (🕮 J 2–L 6). Gleichsam an den vier Ecken des Schachbretts liegen die **Piazza Verdi** (🕮 G 5) mit dem Opernhaus **Teatro Verdi,** die verkehrsumtoste **Piazza Goldoni** (🕮 K 5), die **Piazza Oberdan** (🕮 J/K 3), wo die historische Tram nach Opicina startet, und – vor den Toren des Porto Vecchio – die **Piazza della Libertà** (🕮 H/J 1/2) mit dem Hauptbahnhof.

Porto Vecchio und Barcola

Das als Stadtentwicklungsgebiet ausgewiesene historische Gebäudeensemble des im 19. Jh. errichteten **Porto Vecchio** (🕮 E–G 1–3) reicht bis ins 5 km entfernte **Barcola** (🕮 Karte 3, C 3). Dort erhebt sich der nationalmonumentale **Faro della Vittoria.** Ein schattenspendender Pinienhain und bei schönem Wetter von Sonnenanbetern belegte gemauerte Uferpromenaden und originelle Badeplattformen namens *topolini* (Mäuschen) säumen die Adria.

Augenblicke

Pack die Badehose ein

… und dann nichts wie raus ans Meer! Sobald die Sonne höhersteigt, verbringen die Triestiner den Feierabend und das Wochenende vorzugsweise auf den hier meist gemauerten Strandpromenaden und Badeplattformen an der Adria. Sie tun es allein oder paarweise, im Freundeskreis oder Familienverband, legen sich in die Sonne und schwimmen, flanieren und flirten, treffen sich zum Kartenspielen, Essen und Trinken. Weil die Einkehr in einer Strandbar auf die Dauer zu teuer wird, haben viele nicht nur die Badehose, sondern auch Picknicktisch, Klappstuhl und Kühltasche im Gepäck.

Ein Königreich für einen Kaffee

Kaffee gehört zu Triest genauso wie der Wind und das Meer! Der meist diplomierte Barista hat seine fachgerechte Zubereitung höchstwahrscheinlich an der örtlichen Kaffeeuniversität studiert. Man trinkt den Kaffee, entweder klein und schwarz, mit mehr oder weniger Milch oder einem Schuss Hochprozentigen, in der Tasse oder im Glas, auf die Schnelle ›al banco‹, also gleich im Stehen am Tresen in der Bar, oder mit Muße in einem Kaffeehaus. Es gibt dafür kaum einen schöneren Ort als die grandiose Piazza dell'Unità d'Italia mit ihrer herrlichen Aussicht. Coffee to go? Ein Sakrileg!

Auf einen Aperitivo

Zur blauen Stunde füllen sich die Theken und Tische der Bars und Kaffeehäuser. Man verabredet sich dann mit alten und neuen Freunden zu einem Gläschen rotem oder weißem Spritz, Weißwein oder Prosecco pur. Diejenigen, die keinen Alkohol mögen, bestellen zum Feierabendplausch einen ›San Bitter‹, der ebenfalls in weiß und rot zu haben ist, oder einen ›Crodino‹ in leuchtendem Orange. Dazu wird zumindest ein Schälchen mit Chips (›patatine‹) und oft eine attraktive Auswahl herzhafter Häppchen gereicht.

Ihr Triest-Kompass

WOMIT FANGE ICH AN?

 # 1
Fenster zur Adria – **Piazza dell' Unità d'Italia**

NAH AM WASSER GEBAUT

 # 2
Immer am Meer entlang – **Le Rive**

Seehelden + Segelschiffe

 # 3
Vergangenheit und Zukunft – **Porto Vecchio**

Visionen

 # 15
Sommerfrische der Hautevolee – **Duino und Sistiana**

Eine illustre GÄSTELISTE

 # 14
Weinschenken und Winzer – **Osmize auf dem Karst**

IN VINO VERITAS

 # 13
Fremde Strandwelten – **(Sonnen-)Baden in und um Triest**

AUF DEM PRÄSENTIERTELLER

 # 12
Märchenschloss am Meer – **Miramare**

Sommerfrische der Habsburger

#4
Multikulturell – **Borgo Teresiano**

#5
Jüdisches Leben gestern und heute – **Trieste ebraica**

#6
Stadthistorische Keimzelle – **Colle di San Giusto**

#7
Stadt der Dichter – **Museo Sveviano und Museo Joyce**

#8
Kult um die braune Bohne – **historische Kaffeehäuser**

#9
Für den Frieden – **Museo della Guerra per la Pace Diego de Henriquez**

#11
Auf und ab – **Strada Napoleonica und Grotta Gigante**

#10
Dunkles deutsches Erbe – **Risiera di San Sabba**

#1

Fenster zur Adria – **Piazza dell'Unità d'Italia**

Triest öffnet sein großes (städtebauliches) Herz zum Meer! Die grandiose Piazza dell'Unità d'Italia mündet an einer Seite in die schöne blaue Adria und legt an den drei anderen mit prächtigen Bauten nach. Dass sich um ihre unbescheidenen Palazzi Prozzi so manche interessante Geschichte rankt, steigert die Attraktivität der am Abend mit blauen Bodenlampen illuminierten Vorzeigepiazza, die Bewohner und Besucher zu jeder Tageszeit geradezu magisch anzieht.

Bitte keine falsche Bescheidenheit: Triests Stadtsalon mit Meeresblick darf durchaus in einem Atemzug mit der Piazza San Marco in Venedig oder dem Campo in Siena genannt werden.

›Nicht kleckern, sondern klotzen‹, dachten sich die Baumeister von Kaiser Franz Joseph I., unter dessen Herrschaft der im Grundriss rechteckige ›Stadtsalon‹ seine enormen Dimensionen von

16 000 m^2 annahm. Er firmierte in k. u. k.-Zeiten unter Piazza Grande und heißt, seit Triest zu Italien gehört (1919), **Piazza dell'Unità d'Italia,** demonstrierte einst Macht und Wohlstand der Habsburger und zählt heute zu den faszinierendsten Plätzen des Belpaese. Sein großes Fenster zur Adria beeindruckt vielleicht noch mehr als das prachtvolle ›Mobiliar‹, das teilweise schon dort aufgestellt worden war, bevor die damalige Piazza San Pietro im ausgehenden 19. Jh. zur Piazza Grande erblühte.

Willkommen im Freiluft-Salon

Das älteste Gebäude am Platz ist der neoklassizistische **Palazzo Pitteri** 1, Baujahr 1785, der für einen wohlhabenden Kaufmann errichtet und später dem Schriftsteller Riccardo Pitteri (1853–1915) gewidmet worden war. Der neue Namenspatron war ein glühender Patriot und literarisches Sprachrohr der Triestiner Irredentisten, die sich nach Gründung des italienischen Nationalstaates leidenschaftlich für die Befreiung der Stadt vom österreichischen Joch engagierten.

Aus der Zeit, als die österreichische Welt noch in Ordnung war, stammt die barocke **Fontana dei Quattro Continenti** 2 (1751) und die auf eine Säule erhobene **Statue** 3 von Kaiser Karl VI. (1754) gleich vis-à-vis. Das Skulpturenensemble des Brunnens symbolisiert die bis dato entdeckten vier Kontinente Amerika, Afrika, Asien und Europa. Der ›Säulenheilige‹ huldigt dem Mann, der Triest 1719 zum Freihafen erklärt und damit seine rasante ökonomische und kulturelle Entwicklung eingeleitet hat.

Bereits seit 1839 steht der **Palazzo Stratti** 4, der für einen griechischen Kaufmann erbaut wurde. Nicolò Stratti vermietete das Erdgeschoss ans **Caffè degli Specchi** 1 und verkaufte sein Domizil bald an die Assicurazioni Generali, den 1831 in Triest gegründeten und heute international aufgestellten Versicherungskonzern mit dem venezianischen Markuslöwen im Firmenlogo. Das unterdessen mehrfach renovierte ›Café der Spiegel‹ machte als Literatentreffpunkt Geschichte, empfing zu Beginn des 20. Jh. lokale Dichtergrößen wie Italo Svevo und James Joyce (▶ S. 44).

Ü ÜBRIGENS

... heißt das Triestiner **Harry's** 2 nicht zufällig genauso wie Venedigs weltberühmte Bar. Es wurde 1972 von deren Chef Arrigo Cipriani gestaltet und mit einer Kopie der an der Lagune stets von Promis belagerten Theke versehen.

Ein Prachtbau am anderen: An der Piazza dell'Unità d'Italia kommt man aus dem Staunen nicht mehr raus.

Illustre Gäste und ein Kriminalfall

Dem Versicherungspalast folgten 1873 der **Palazzo Modello** 5 und 1875 das **Municipio** 6. Beide stammen vom Zeichentisch Giuseppe Brunis, der sich für einen Stilmix aus Klassik, Barock und Renaissance entschied. Das Rathaus versah er mit einem Glockenturm, auf dem zwei bronzene Edelknaben die Viertelstunden schlagen. Bei den ›Jungs‹, die von den Triestinern liebevoll Micheze und Jacheze genannt werden, handelt es sich allerdings um Kopien, deren Originale im Kastell auf dem Küstenhügel aus der Nähe zu betrachten sind.

Ebenfalls aus dem Jahr 1873 datiert der **Palazzo Vanoli** 7 mit der Nobelherberge **Duchi d'Aosta** 1 (► S. 89) und ihrer gediegenen Hausgastronomie **Harry's** 2. Das Hotel heißt im Volksmund noch immer Vanoli und erhielt erst 1972 seinen aktuellen Namen. Es ersetzte ein älteres namens Locanda Grande, das 1768 als Tatort des Mordes an Johann Joachim Winckelmann Schlagzeilen machte. Der in seinem Zimmer erdolchte deutsche Archäologe war nicht der einzige berühmte Gast der Herberge, wo weiland auch Giacomo Casanova und Carlo Goldoni abstiegen und noch immer prominente Gäste logieren.

Wiener (Bau-)Art

1884 steuerte der zeitgenössische Wiener Stararchitekt Heinrich Ferstel den **Palazzo del Lloyd Triestino** 8 bei. Der stattliche Bau in Renaissan-

Cityplan F/G 5

KULINARISCHES FÜR ZWISCHENDRIN

Ein *nero* – so heißt der Espresso in Triest – oder Spritz im eleganten **Caffè degli Specchi** 1 (Piazza dell'Unità 7, 8–21 Uhr) oder **Harry's** 2 (Piazza dell'Unità 2, www.duchi.eu, tgl. 12.30–14.30, 19.30–22.30 Uhr) haben Stil und Tradition. Triests ältestes Kaffeehaus **Caffè Tommaseo** 3 (Piazza Tommaseo 4, www.caffetommaseo.it, tgl. 10–22 Uhr) serviert im originalen Interieur von 1830, umweht vom mondänen Flair vergangener Zeiten, *caffè* oder *aperitivo* und zu Letzterem leckere herzhafte Häppchen.

cemanier hieß ursprünglich Palazzo Lloyd Austriaco und gehörte der 1833 gegründeten gleichnamigen Reederei, die später italienisiert und jüngst ›taiwanisiert‹ wurde und heute unter Italia Marittima firmiert. Er beherbergt die Regionalregierung von Friaul-Julisch Venetien, ihn zieren Skulpturenbrunnen mit den mythologischen Patroninnen von Süß- und Salzwasser.

Das neueste ›Möbelstück‹ im Stadtsalon ist der **Palazzo del Governo** 9, der früher der (inzwischen überall in Italien ›wegrationalisierten‹) Provinzregierung und nun regionalen und kommunalen Gremien dient(e). Der Blick wandert staunend über die mit orientalischen Ornamenten übersäte Fassade und eine doppelstöckige Loggia: Der Bau zeigt Anleihen beim Jugendstil, der in der Wiener Heimat seines Architekten Emil Artmann zu jener Zeit en vogue war, und komplettiert seit 1905 das imposante städtebauliche Ensemble von Europas größtem Platz am Meer.

Moderne Zeiten: Triests Ordnungshüter gehen bzw. fahren mit der (Segway-)Zeit.

UM DIE ECKE

Direkt neben dem grandiosen Stadtsalon liegt mit der eleganten **Piazza della Borsa** (🗺 G/H 5) die zweite gute Stube der Stadt. Der *secondo salotto buono cittadino* wird vom **Palazzo della Borsa Vecchia** 10 und dem **Palazzo del Tergesteo** 11 flankiert. Die alte Börse (1806) ähnelt einem griechischen Tempel und dient der Handelskammer, seit die Börse 1844 in den ebenfalls in neoklassizistischer Manier gehaltenen Palazzo del Tergesteo direkt daneben umgezogen war. Letzterer ist im Erdgeschoss von Arkaden aufgelockert und beherbergte schon 1863 das Literatencafé Tergesteo, das sich seither mehrfach und jüngst ins vegane Restaurant **Giardino Tergesteo** 4 (▸ S. 93) verwandelt hat. Vis-à-vis entzückt mit der **Casa Bartoli** 12 (1906) ein reich ornamentierter Jugendstilbau des Wiener Architekten Max Fabiani, neben dem die eher unscheinbare **Portizza di Riborgo** 13 ins ehemalige Ghetto der Adriastadt führt. In der Mitte dekorieren ein **Denkmal für Leopold I.** und die barocke **Fontana del Nettuno** das vornehme Vorzimmer der Piazza dell'Unità, an das sich wiederum die **Piazza Verdi** mit dem gleichnamigen Theater (▸ S. 109) anschließt.

#2

Immer am Meer entlang – **Le Rive**

Von den Rive (Uferpromenaden) schweift der Blick über den Leuchtturm von Barcola bis zum schneeweißen Schloss Miramare und hinauf zu den karstig-grünen Küstenhängen mit der monströsen Betonkirche auf dem Monte Grisa. Unten säumen Schiffsterminal, alter Fischmarkt und Hunderte Segelboote den Weg vom Molo Audace zum Bagno Lanterna, wo das Bad in der Adria wie in alten Zeiten ein strikt getrenntgeschlechtliches Vergnügen ist.

Am Meeresufer treffen Sie die ›Mädchen von Triest‹, die hier an der italienischen Tricolore nähen. Diese flattert übrigens erst seit 1919 über der Adriastadt.

Der **Molo Audace** 1 ragt wie ein überdimensionaler Laufsteg 246 m weit in die Adria und animiert zum ›Gang übers Wasser‹, bei dem Sie die Stadt und das ausladende historische Industriebautenensemble des **Porto Vecchio** 2 (► S. 28) vom Meer aus ins Visier nehmen. Die Hafenmole hieß

früher einmal Molo San Carlo, weil sie in den 1740er-Jahren auf den Trümmern eines havarierten gleichnamigen Schiffes errichtet worden war. 1922 widmete man sie dem im November 1918 hier vor Anker gegangenen italienischen Zerstörer »Audace«, dessen Besatzung Triest von den Habsburgern befreite.

Helden mit Meerblick

Die Denkmäler an Land transportieren ebenfalls die frohe patriotische Botschaft. Neben dem **Monumento dei Bersaglieri** 3, das einen fahnenschwenkenden Kriegshelden porträtiert, sitzen die **›Mädchen von Triest‹** 4 *(Le Mule di Trieste)* und nähen die italienische Tricolore. Ein paar Meter weiter trotzt Nazario Sauro in wehendem Mantel Wind und Wetter, das hier im Winter übrigens recht ungemütlich werden kann, wenn die eiskalte Bora mit weit über 100 km/h vom slowenischen Hinterland aufs Meer bläst. Die bronzene Inkarnation des 1916 von den Österreichern aufgeknüpften Marineoffiziers, das **Monumento Nazario Sauro** 5, steht vor der **Stazione marittima** 6, einem in den 1920er-Jahren errichteten Zweckbau im Stil des italienischen Rationalismus, der drinnen als Kongresszentrum und draußen als Anleger für Kreuzfahrtriesen und Nahverkehrsschiffe in die ›Badevororte‹ (▶ S. 112) fungiert.

B
BORA

Festhalten, bitte! Die **Bora** fegt mit weit mehr als 100 km/h vom karstigen Hinterland über die Stadt und bringt ihre Bewohner bisweilen gehörig ins Straucheln, sodass es an manchen Hauswänden Kordeln fürs Festhalten hat. Die *triestini* sind dem scharfen Nordwind in Hassliebe verbunden und widmeten ihm sogar ein Museum (D 8, ▶ S. 79).

Kunst statt Fisch

Die **Vecchia Pescheria** 7 an der benachbarten Hafenmole mutet mit ihrem Glockenturm wie eine Kirche an, sodass sie im Triestiner Volksmund auch Santa Maria del Guato genannt wird (*guato* ist Triestiner Dialekt für einen weit verbreiteten Adriafisch). Der Jugendstilpalazzo, Baujahr 1913, beherbergt in einem Seitentrakt schon seit 1933 das **Acquario Marino** 8 mit allerlei Meeresgetier und Reptilien, das inzwischen etwas düster daherkommt und eine Auffrischung dringend nötig hat.

Dagegen präsentiert sich die jüngst gelungen restaurierte zentrale Fischverkaufshalle, die übrigens 1974 für eine Szene von Francis Ford Coppolas »Der Pate II« als New Yorker Emigranten-Aufnahmelager Ellis Island posierte, als freundlich-helle Location für Ausstellungen moderner und zeitgenössischer Kunst. Seine ursprüngliche Funktion büßte das Gebäude schon

2006 ein: Heute trägt der schöne Veranstaltungssaal den poetischen Namen **Salone degli Incanti** (Salon der Verzauberung) und lässt nur mit viel Fantasie erahnen, dass hier einst Fische und Meeresfrüchte auf feuchten Steintheken auslagen.

Direkt neben dem Kultur- entzückt ein Gourmettempel, der unlängst in ein zeitgemäß aufgepepptes Weinmagazin aus dem Jahre 1902 eingezogen ist. Das Schlaraffenland, aus dem man beim Shoppen, Schlemmen und Schlürfen durchs große Glasfronten aufs Meer schaut, heißt **Eataly** 1 und verführt mit allen erdenklichen kulinarischen Genüssen.

Stadtkultur und Schiffsmodelle

Inzwischen angekommen an der Riva Grumula fällt mit der **Stazione Rogers** 9 ein Baudenkmal aus den 1950er-Jahren ins Auge. Die ehemalige Tankstelle fungiert nun als urbaner Infopoint, Bar und Bookshop, versteht sich als Forum für junge

Cityplan A–F 4–7 | **Bus** 8, 9, 30

Kreative und ist Schauplatz von Discos, Debatten und Degustationen.

Von der Ikone der italienischen Nachkriegsarchitektur ist es nur ein Katzensprung bis zum **Museo del Mare** 10 im ehemaligen Lazaretto San Carlo, das nur von 1730 bis 1769 seinem medizinischen Zweck und danach als Waffenarsenal diente. Zu sehen gibt es allerlei Fischerutensilien, Schiffsmodelle, Uniformen, Fotos und Fahnen.

Damen links, Herren rechts

Zurück auf den Rive passieren Sie den imposanten Jugendstilbau der **Stazione di Campo Marzio** 11, in der seit den 1980er-Jahren das derzeit zwecks Restaurierung geschlossene Eisenbahnmuseum **Museo Ferroviario di Trieste** untergebracht ist. Der 1906 eröffnete und 1960 stillgelegte Bahnhof entlastete den Südbahnhof (1857), bis heute als Stazione Centrale in Betrieb.

Vis-à-vis ragt der vom Takelagenwald des Touristenhafens **Sacchetta** flankierte **Molo Fratelli Bandiera** mit Triests altem **Leuchturm La Lanterna** ins Meer. Unter der 1833 an- und 1969 ausgeknipsten Laterne lockt das historische Armeleutebad **Bagno Lanterna** 1 seit 1903 mit getrenntgeschlechtlichen Badefreuden (► S. 68). Wenn Sie lieber mit dem oder der Liebsten in die Fluten steigen, wählen Sie das ebenfalls retrocharmante **Bagno Ausonia** 2 (► S. 68) gleich nebenan!

N
NOCH WAS

Stararchitekt: Das städtische Kulturzentrum **Stazione Rogers** 9 würdigt den Namen seines Architekten Ernesto Nathan Rogers (1909–69). Als Sohn eines Engländers und einer Italienerin in Triest geboren, gründete er zwischen den Kriegen in Mailand gemeinsam mit Kollegen das italienweit renommierte Architekturbüro BBPR.

INFOS/ÖFFNUNGSZEITEN

Acquario Marino 8: Molo Pescheria 2, Riva Nazario Sauro, www.aquariomarinotrieste.it, Do–Di 9–19 Uhr, 4,50 €
Salone degli Incanti: temporäre Ausstellungen, Infos: salonedeglincanti.comune.trieste.it
Stazione Rogers 9: Riva Grumula 14, www.stazionerogers.org, Di–So 18–24, So auch 10.30–13.30 Uhr und bei Veranstaltungen
Museo del Mare 10: Via Campo Marzio 5, www.museodelmaretrieste.it, Do–Di 9–13 Uhr, Eintritt frei

KULINARISCHES FÜR ZWISCHENDRIN

Eataly 1: Shop mit frischen und konfektionierten Spezialitäten aus der Region Friaul-Julisch Venetien und dem Rest des Belpaese, zum Mitnehmen oder Verzehr vor Ort, auf die Schnelle an Tischen im Shop oder gemütlich im Restaurant in der Etage darüber (Riva Tommaso Gulli 1, www.eataly.net, Mo–Do, So 9–22.30, Fr, Sa 9–24 Uhr).
Al Nuovo Antico Pavone 2: Das allseits hoch gelobte Lokal serviert direkt vis-à-vis vom Touristenhafen Sacchetta fangfrischen Fisch auf Triestiner Art, der z. B. mit hausgemachter Pasta kombiniert wird (Riva Grumula 2, T 040 30 38 99, Di–So mittags u. abends, Menü um 30–50 €).

3

Vergangenheit und Zukunft – **Porto Vecchio**

Triests Porto Vecchio gilt als einmaliges Beispiel für die industrielle Hafenarchitektur des 19. Jh. und ist als UNESCO-Welterbe der Menschheit gelistet. Mitten im einstigen österreichisch-habsburgischen Hafen arbeitet man an der Zukunft der Adriastadt, die hier bald mit einem innovativen urbanen Quartier im Stil von Hamburgs Hafencity glänzen will.

Den Fotografen Massimo Tommasini (► S. 112) fasziniert der alte Hafen seiner Heimatstadt von jeher. Hier lichtete er spielende Flüchtlingskinder beim Sport und Spiel auf der bald frisch herausgeputzten Industriebrache ab.

Wer ein Faible für Industriearchitektur mit Patina hat, wird von dem ausladenden habsburgischen Hafenensemble begeistert sein. Der Porto Vecchio bedeckt ein Areal von gut 500 000 m², das sich auf drei Achsen entlang einer 3,5 km langen Adriaküstenlinie vom innerstädtischen Canal

Grande bis zum ›Badevorort‹ Barcola erstreckt und bislang nur auf recht unwirtlichen Wegen zu erkunden ist. Doch die Mühe Neugieriger wird belohnt, denn die Gebäude auf dem vielerorts industrieromantisch verwilderten Terrain sind fast vollständig im Original erhalten. Hier und da zeigen sie sich allerdings verfallen und verwahrlost und aus Sicherheitsgründen gesperrt. Sie dienen teilweise noch ihrem ursprünglichen Hafen- bzw. Lagerzweck und sind in Einzelfällen schon restauriert und in Museums- und Kulturbetriebe verwandelt worden.

Habsburger Welthafen

Nachdem Kaiser Karl VI. 1719 ganz Triest zum Freihafen (Porto Franco) erhoben hatte, entschied man sich knapp 150 Jahre später, die Freihafenzone vom Rest der Stadt zu separieren. Initialzündung für den Bau der neuen Hafenanlagen war die Eröffnung der Eisenbahnlinie zwischen Wien und Triest im Jahre 1857. Der damalige Porto Nuovo und heutige Porto Vecchio wurde zwischen 1861 und 1898 nach dem Vorbild nordeuropäischer Speicherstädte errichtet. Dabei arbeitete man mit innovativen Methoden und Materialien, z. B. Stahlbeton, dessen Einsatz seinerzeit noch ein absolutes Novum war. Das faszinierende architektonische Ensemble integriert schmucklose funktionale Gebäuderiegel und dekorativ gestaltete Repräsentationsbauten.

Allein die monumentale **Eingangszone** 1 vis-à-vis vom Hauptbahnhof am **Largo Città di Santos,** die drei nebeneinander gestellten Triumphbögen gleicht, lässt erahnen, dass der österreichische Hafen einmal ein europäisches Tor zur Welt gewesen ist. Als nach der Eröffnung des Suez-Kanals (1869) der Handelsverkehr mit dem Mittleren und Fernen Osten intensiviert wurde, reichten selbst diese enormen Kapazitäten nicht mehr aus. Deshalb plante man schon an der vorletzten Jahrhundertwende eine erneute Expansion des Hafens, die allerdings erst nach der Entmachtung der Habsburger in Gang kam. Der nunmehr italienische **Porto Nuovo** am anderen Ende der Stadt nahm deshalb erst seit den 1920er-Jahren seine bis heute kontinuierlich erweiterten Dimensionen an.

F
FILM AB!

Die besondere und etwas surreale Atmosphäre der alten Hafenanlagen war und ist nicht zuletzt als **Filmkulisse** überaus gefragt, sodass der Porto Vecchio z. B. in Anthony Minghellas »Der englische Patient« (1996) als nordafrikanischer Hafen Tobruk posiert und vor einigen Jahren das Set von Gabriele Salvatores' »Il ragazzo invisibile« (2014) abgegeben hat.

Schicksale

Die geschäftigen Zeiten im Porto Vecchio sind inzwischen vorbei, doch in die alte Bausubstanz soll neues Leben einziehen. Harmonisch möchte man hier neue und moderne Architektur mit dem Alten verbinden. Für die nächsten zehn Jahre hat sich die Stadt einiges vorgenommen: Forschungs- und Bildungsinstitute, Freizeit- und Kultureinrichtungen, Dienstleistungs- und Handelsunternehmen sollen die neuen Mieter im Alten Hafen werden.

Schon 1947 wurde ein Speicherhaus im Porto Vecchio zweckentfremdet. Das **Magazzino 18** 2 im Porto Vecchio ist seit 1947 angefüllt mit dem nicht mehr abgeholten Hausrat von Tausenden von Menschen, die nach der kriegsbedingten Übergabe einst italienischer Gebiete ans sozialistische Jugoslawien vertrieben wurden. Weil sie zwischenzeitlich in Flüchtlingslagern unterkommen mussten, deponierten die Flüchtlinge aus Istrien, Dalmatien und Fiume (heute Rijeka) dort Schränke, Stühle und Tische, Koffer, Kleider, Bettwäsche und Bilder.

U
URSUS

Wer nicht das erste Mal nach Triest kommt, wird den **›rostigen Bären‹** wahrscheinlich vermissen. Der monströse Kran, Baujahr 1914, stand jahrzehntelang auf dem **Molo 4,** heißt im Volksmund ›Ursus‹ und avancierte zum Symbol der Stadt. Er wurde im Dezember 2017 unter Anteilnahme der Triestiner zwecks Restaurierung abmontiert und wird wahrscheinlich vorläufig nicht in sein Revier zurückkehren.

Vorboten des Strukturwandels

Vorreiter des bewusst geplanten Strukturwandels, für dessen Umsetzung man gerade weltweit nach finanzkräftigen Investoren sucht, sind aber drei bereits komplett restaurierte Gebäude. Die ehemalige **Sottostazione Elettrica** 3, zu deutsch Umspannwerk, und die **Centrale Idrodinamica** 4, was etwa mit Hydraulikdruckzentrale zu übersetzen ist, fungieren nun als Industriemuseen. Auch wem bei diesen Vokabeln direkt die Fragezeichen in die Augen treten, braucht den Besuch nicht scheuen: In ihrer Funktion erklärte und durch anschauliche Text- und Bildtafeln ins zeitgenössische Setting eingeordnete elektrische Apparaturen, Pumpen und Motoren zur Energieversorgung vermitteln selbst Menschen ohne technisches Verständnis eine plastische Vorstellung von dem einst rund um die Uhr brummenden Hafenbetrieb.

Hier spielt die Zukunftsmusik

Der gewaltige Maschinenpark versetzt ins Staunen über die ausgeklügelte Infrastruktur im historischen Hafen, dessen neue Bestimmung im mehrstöckigen **Magazzino 26** 5 seit 2011 seine

Schatten vorauswirft. Der mit viel Respekt vor dem Original renovierte und mit zeitgeistigem Design akzentuierte größte Warenspeicher im Porto Vecchio war in jenem Jahr als externer Ausstellungspavillon der 54. Biennale von Venedig erstmals in postindustrieller Funktion. Er ist seither eine angesagte Location für Kunst, Kultur und urbane Kommunikation und gilt als Vorbote der Stadtentwicklungspläne nach dem Vorbild von Hamburgs Hafencity, an denen Region, Stadt und die Regierung in Rom beteiligt sind.

Kräne am Porto Vecchio

Viele Triestiner zweifeln an der schnellen Verwirklichung dieser ehrgeizigen Pläne, weil sie in jüngster Vergangenheit wohl schon oft Spielball konkurrierender politischer Interessen waren. Mit der Ernennung Triests zum Schauplatz der ESOF 2020 (Euroscience Open Forum), also der größten interdisziplinären Wissenschaftskonferenz Europas, erhielt der Strukturwandel des Porto Vecchio unlängst einen neuen Schub. Jedenfalls liegen seit Januar 2018 die Pläne für ein nagelneues Trieste Convention Center zwischen den alten **Hafenmagazinen** 27 und 28 auf dem Tisch.

INFOS/ÖFFNUNGSZEITEN

Im Internet: Wer sich noch näher mit Vergangenheit, Gegenwart und Zukunft des Porto Vecchio und seiner einzelnen Gebäudetrakte befassen möchte, findet auf den Websites www.triesteporto vecchio.it, www.portocitta.com und www.porto.trieste.it (italienische) Texte, Karten und Architekturskizzen.

Sottostazione Elettrica 3 und Centrale Idrodinamica 4: Beide Industriedenkmäler werden derzeit von lokalen Vertretern der nationalen Denkmal- und Naturschutzorganisation Italia Nostra ehrenamtlich betreut, sodass die Öffnungszeiten nicht längerfristig garantiert sind. Bislang: Fr 17–19, Sa, So 11–13 Uhr, Eintritt frei, aktuelle Infos unter https://m.facebook.com/italiano stragiovani/

Magazzino 26 5: Bei Ausstellungen geöffnet, aktuelle Infos unter www.triestecultura.it.

Cityplan Karte 2, B/C 1/2 | **Bus** 6, 30, 9

#4

Multikulturell – **Borgo Teresiano**

Die prächtigen Palazzi Prozzi aus der Ära der Habsburger verleihen dem Stadtteil durchaus imperiales Gepräge, und seine traditionsreichen Kaffeehäuser und kulinarisch österreichisch inspirierten Buffets versprühen ebenfalls Wiener Flair. Das Viertel rühmt sich eines Canal Grande, ist von auffälligen Gotteshäusern beseelt, mit der meist frequentierten Shoppingadresse der Stadt gesegnet und von morgens bis abends voller mediterranem Leben.

Der Stadtteil wurde seit Mitte des 18. Jh. auf dem Gelände trockengelegter Salinen schachbrettartig angelegt. Bauherrin und Namenspatronin war Maria-Theresia, die 1740 de facto die offiziell von ihrem Gatten geführten habsburgischen Regierungsgeschäfte übernahm. Geplant

Nach dem Shoppen braucht's eine Pause? Im Borgo Teresiano kein Problem. In mehreren netten Lokalen kann man am Ufer des Canal Grande die Sonne – und einen Spritz – genießen.

hatte ihn bereits ihr Vater Karl VI., der Triest 1719 zum Freihafen erhoben hatte, worauf Wirtschaft und Handel boomten und eine Erweiterung der Geschäfts- und Wohnflächen dringend geboten war. Die von mehrstöckigen Wohn- und Geschäftshäusern geprägte und durch die Shoppingmeile **Corso Italia** von Triests Stadtsalons getrennte ›Theresienvorstadt‹ grenzt meerwärts an den gut 100 Jahre später addierten **Porto Vecchio.** Zur Hälfte öffnet sie sich unmittelbar zum Meer hin und hat wie Venedig einen **Canal Grande,** der im Vergleich zu seinem berühmten Namensvetter freilich eher *piccolo* ist.

Klein, aber fein

Triestiner und Touristen flanieren jedenfalls gern über seine elegant bebauten und gastronomisch lebendigen Uferpromenaden. Vom Meer kommend passieren Sie an der Via Bellini zunächst den neoklassizistischen **Palazzo Carciotti** 1 (1798–1805), der vom damaligen Stararchitekten Matteo Pertsch für den griechischen Kaufmann Demetrio Carciotti geplant wurde. Die unbescheidene Patriziervilla ist in ihren oberen Etagen mit ionischen Säulen verziert, mit einer Balustrade mit Skulpturenschmuck des Canova-Schülers Antonio Bosa veredelt und von einer Kuppel gekrönt. Der noble Palazzo avancierte 1831 zum Gründungsdomizil des inzwischen weltumspannenden Versicherungskonzerns Generali, steht zum Verkauf und wird sich wahrscheinlich mittelfristig in ein Luxushotel verwandeln.

Auf der anderen Seite des Kanals baute man Mitte der 1920er-Jahre einen mehrstöckigen roten Ziegelbau, der an New York denken lässt und vom Volksmund entsprechend *grattacielo rosso* (›roter Wolkenkratzer‹) getauft wurde. Der himmelstrebende **Palazzo Aedes** 2, inzwischen ebenfalls von ›den Generalis‹ okkupiert, überragt den farbig-geometrisch gemusterten **Palazzo Gopcevic** (1850) mit dem **Museo Teatrale Carlo Schmidl** 3, das mit einem bunten Exponatenmix aus Musikinstrumenten, Kostümen, Fotos und Gemälden die lokale Musik- und Theatergeschichte Revue passieren lässt.

Die innerstädtische Wasserader wird von der **Piazza Ponterosso** mit morgendlichem Obst-, Gemüse- und Blumenmarkt gesäumt und dem **Pon-**

► LESESTOFF

Tatorte: Der deutsche Schriftsteller **Veit Heinichen** hat mit Triest nicht nur seine Wahlheimat, sondern auch den literarischen Schauplatz von bislang elf Kriminalromanen gefunden, von denen einige mit Henry Hübchen in der Hauptrolle fürs deutsche Fernsehen verfilmt wurden. Auf der Website des Autors findet man alle Titel, Tatorte, Tische und Theken, an denen Commissario Proteo Laurenti gern isst und trinkt (www.veitheinichen.eu).

te Rosso 4 überspannt. Auf der Brücke posiert eine lebensecht gestaltete **Statue von James Joyce** fürs gern geknipste Selfie mit Dichter. Der Canal Grande versiegt vor einer kleinen Parkanlage zu Füßen der tempelartigen **Chiesa Sant'Antonio Taumaturgo** 5 vom Zeichentisch von Pietro Nobile (1776–1854). Gleich um die Ecke rufen das historische Kaffeehaus **Stella Polare** 1 seit 1873 zu einem Päuschen und ein serbisch-orthodoxes Gotteshaus zum Gebet.

Triests griechische Community

Die fünffach überkuppelte, im neobyzantinischen Stil gehaltene Kirche **San Spiridione** 6 glänzt innen mit einer prachtvollen Ikonostase und üppig vergoldetem Dekor. Sie wurde 1868 eingeweiht und ersetzte eine ältere Kirche, die 1753 für den damals noch gemeinsamen christlich-orthodoxen Gottesdienst griechischer und serbischer Einwanderer errichtet worden war. Nachdem Griechen und Serben in Konflikt geraten waren, beschlossen Erstere, sich einige Straßen weiter ein eigenes Gotteshaus zu bauen, während die serbische Ge-

INFOS/ÖFFNUNGSZEITEN

Museo Teatrale Carlo Schmidl 3: Via Rossini 4, www.museoschmidl.it, tgl. 10–18 Uhr, 4 €
Chiesa Sant'Antonio Taumaturgo 5: Mo–Fr 9–19, Sa, So 8–21 Uhr
San Spiridione 6: Via Spiridione 9, www.comunitaserba.org, Di–Sa 9–12, 16–19, So, Fei 9–13 Uhr Uhr.
San Nicolò 7: Riva 3 Novembre 7, www.comgrecotrieste.it, Mo–Sa 9–12.30, 15–19, So, Fei 11.15–12.15 Uhr.

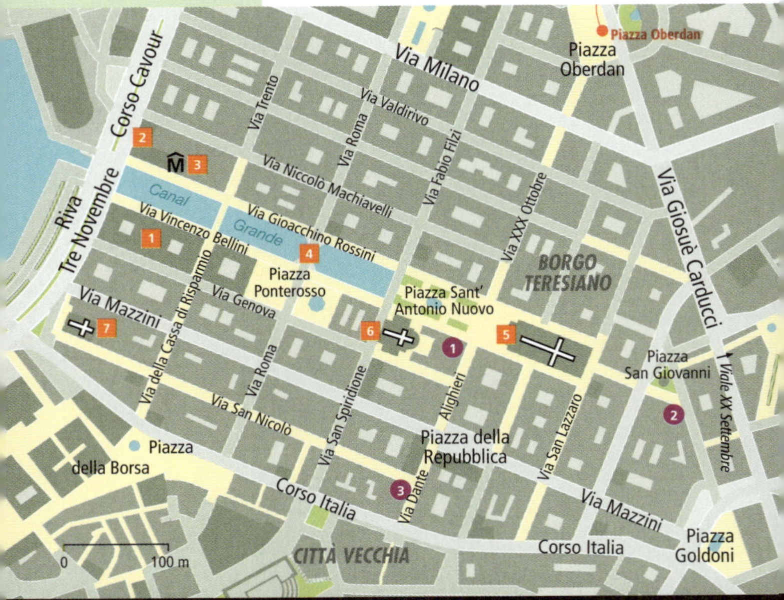

Cityplan G–K 3–5 | **Bus** 5, 8, 9, 10, 11, 17, 19, 25, 30

meinde in San Spiridione blieb und die baufällig gewordene Kirche in den 1860er-Jahren abriss und neu erbaute.

Ihre griechischen Glaubensbrüder leisteten sich 1787 das griechisch-orthodoxe Gotteshaus **San Nicolò** 7, das hinter dezent neoklassizistischer Gebäudehülle mit prunkvollem Interieur überrascht. Dass sich Serben, Griechen und Juden aus ganz Europa in der expandierenden Freihafenstadt ansiedelten, wurde von Maria-Theresia seit den 1750er-Jahren explizit gefördert, weil sie sich davon Vorteile für den Handel mit dem Balkan versprach. Insbesondere die griechische Community spielte fortan eine tragende Rolle in der Triestiner Stadtgesellschaft. Griechen machten sich als Kaufleute und Kulturmäzene, Wissenschaftler und Mediziner um Triest verdient, weshalb hier heute noch viele Ärzte griechischen Ursprungs sind.

Lebhafte Plätze

Der Borgo Teresiano integriert vom Passanten- und Verkehrsstrom umtoste Plätze wie die **Piazza Goldoni** oder die **Piazza Oberdan,** Talstation der historischen Tram de Opicina (► S. 62), und die **Piazza San Giovanni,** Standort des weltweit ersten Verdi-Denkmals und für die Fans von Veit Heinichen ein Muss. Der weltberühmte Komponist (1813–1901) sitzt schon seit 1906 auf dem späteren kriminalliterarischen Schauplatz, wo Commissario Laurentis Lieblingslokal **Gran Malabar** 2 und ein großer Teil der Handlung von Heinichens jüngstem Werk »Scherbengericht« angesiedelt sind.

UM DIE ECKE

Das silber glänzende Maskenmotiv an der **Fontana dei Mascheroni** (2004) erinnert daran, dass der gut einen Kilometer lange **Viale XX Settembre** schon im 19. Jh. von Theatern, Tanzsälen, Kabaretts, Kaffeehäusern und Kinos belebt war. Hochkultureller Hotspot der beliebten Flaniermeile ist das **Teatro Politeama Rossetti,** das 1878 im historistischen Stilmix erbaut wurde und auf klassisches Sprechtheater und Musicals (► S. 109) abonniert ist, ein Hingucker das **Cinema Ambasciatori** (früher Eden) in einem Jugendstilpalazzo (Nr. 35) mit zwei vollbusigen Karyatiden vor der Tür (► S. 106).

Ü
ÜBRIGENS

Im Borgo Teresiano verlockt auf Schritt und Tritt ein nettes Lokal zur Einkehr. Neben den erwähnten **Stella Polare** 1 (Via Dante 14, 7–22 Uhr) und **Gran Malabar** 2 (Piazza San Giovanni 6, Mo–Sa 6.30–21, So 7–13 Uhr) lege ich Ihnen noch das zeitgemäß gestylte **Eppinger Caffè** 3 ans süße Herz. Es knüpft in Sachen *dolci* an die Rezepte der 1848 von der böhmischen Einwandererfamilie Eppinger am selben Standort gegründeten Konditorei an (Via Dante 2 b, www.eppingercaffe.it, 9–21 Uhr).

5

Jüdisches Leben gestern und heute – **Trieste ebraica**

Die orientalisch anmutende Synagoge von Triest ist die zweitgrößte Europas und heute die religiöse Heimat von 600 Juden. Bis sie von deutschen Besatzern und einheimischen Kollaborateuren vertrieben, ins KZ verschleppt und im schlimmsten Fall getötet wurden, beteten dort gut zehnmal so viele Gläubige. Die jüdische Community war bis ins ausgehende 18. Jh. in einem Ghetto separiert gewesen, nach dessen Öffnung sprunghaft angewachsen und wirtschaftlich wie kulturell überaus erfolgreich.

Ein Bauwerk mit Seltenheitswert: Die zweitgrößte Synagoge Europas erinnert daran, dass Triest einst ein Zufluchtsort für Juden aus nah und fern war.

Das ehemalige Ghetto der Adriastadt, das 1696 auf Geheiß von Leopold I. abgesteckt und 1784 von Joseph II. per sogenannten Toleranzpatent wieder aufgelöst wurde, liegt zwischen der his-

torischen Keimzelle der Hafenstadt auf dem Colle di San Giusto und ihren Stadtsalons am Meer. Wenn Sie es durch die **Portizza di Riborgo** von der Piazza della Borsa aus betreten, tauchen Sie in ein fast romantisch anmutendes Stadtviertel ein. Der Riborgo bzw. das **Ghetto Ebraico** 1 ist von schmalen Gassen geädert und ein kommerziell und gastronomisch lebendiges Quartier. Seine Arterien **Via delle Beccherie** und **Via Malcanton** und die benachbarten Sträßchen sind von kleinen Modeläden und Antiquariaten, Cafés, Restaurants und Kneipen gesäumt.

Anschaulich und anrührend: das Museo Ebraico

Die weniger idyllische Vergangenheit des jüdischen Ghettos enthüllt sich im **Museo della Comunità Ebraica di Trieste ›Carlo e Vera Wagner‹** 2 am Fuße der steil ansteigenden Via del Monte. Das Museum ist einem Ehepaar gewidmet, das sich nach seiner Rückkehr aus dem Exil in den 1950er-Jahren um den Wiederaufbau der jüdischen Gemeinde von Triest bemüht hat. Es lässt Wohl und Wehe der jüdischen Community vom Mittelalter bis zur Gegenwart Revue passieren und wird von seinen sympathischen Kuratoren Rabbi Ariel Haddad und Annalisa di Fant mit Kopf und Herz geführt.

Angesichts von Dokumenten, Fotos und persönlichen Erinnerungsstücken sowie dem rituellen Inventar längst verschwundener Synagogen rekapituliert man die Geschichte der Triestiner Juden. Dabei lernt man so manche berühmte Persönlichkeit kennen, darunter die hochverehrten Schriftsteller der Adriastadt Italo Svevo und Umberto Saba. Anschaulich formulierte und ins Englische übersetzte Texte aus der Feder von Dottoressa di Fant ordnen die Exponate in den jeweiligen Zeitkontext ein, regelmäßige Sonderausstellungen – bei meinem letzten Besuch z. B. Andy Warhols Porträts prominenter Juden – ergänzen die auch für Laien ganz und gar nicht langweilige Historienschau.

Wenn man weiß, dass das Haus selbst eine bewegte Vergangenheit hat, rührt der Besuch im Museo Ebraico noch tiefer an. In dessen Domizil residierte von den 1920er-Jahren bis 1941 die Ausreiseagentur Misrad und organisierte Schiffs-

Ü
ÜBRIGENS

Die Namen Carlo und Vera Wagner (geb. Kreilsheim) verbinden sich mit einer weltweit verbreiteten **Spirituosenmarke,** die 1884 von Veras Onkel Lionello Stock in Triests Vorort Barcola gegründet wurde. Die zunächst kleine Destille expandierte, zog 1928 ins benachbarte Roiano um und gab auch dem gebürtigen Wiener Carlo Wagner Arbeit und Brot. Bekannteste Produkte der inzwischen mehrfach verkauften und 2009 nach Mailand transferierten Firma sind ein Brandy namens Stock 84 und Grappa Julia.

passagen von Triest nach Israel und Amerika, sodass hier einst verfolgte und verzweifelte Juden aus ganz Europa ein und aus gingen.

Einst bis auf den letzten Platz besetzt: die Synagoge an der Via San Francesco

Die dort in den 1920er-Jahren von polnischen Juden eingerichtete kleine Synagoge im Erdgeschoss, in der die Emigranten eine gute Reise ins gelobte Land erflehten, wurde in das 1993 ge-

INFOS/ÖFFNUNGSZEITEN

Museo Ebraico 2: Via del Monte 5-7, www.triestebraica.it, Mo, Mi, Fr 10–13, Di 16–19, Do 10–16 Uhr, 5 €
Sinagoga di Trieste 3: Via San Francesco 19, www.triestebraica.it, Führungen Mo, Mi 16 u. 17.30, Di 10 u. 11.30, So 10, 11, 12 Uhr, 3,50 €

KULINARISCHES FÜR ZWISCHENDRIN

Im ehemaligen Ghetto haben Sie die Qual der Lokalwahl. Wer es atmosphärisch schicker und kulinarisch feiner mag, kann sich in den hellen freundlichen Räumen der **Chimera di Bacco** 1 an raffinierten Variationen der Lokalküche laben und zwischen Fisch- und Fleischgerichten wählen. In ihrem Ableger **Chimerina** 2 gleich nebenan, einer Weinbar mit Bistroküche, geht es etwas informeller zu. Aushängeschild beider Lokale ist die gut sortierte Weinkarte (Via del Pane 2 bzw. 1, T 040 36 40 23, www.chimeradibacco.com, Mo–Sa 12–14.30, 19–23 bzw. 1 Uhr Nudel- und Hauptgerichte um 15 bzw. 20 €). Als eher schummerig-gemütliche Kneipe gibt sich die **Taverna del Ghetto** 3, wo man passabel essen und lange und tief ins Glas schauen kann (Via del Ponte 6 c, tgl. 11–15, 18.30–3 Uhr, Menü um 30 €). Gesundes Fast Food, aus nachhaltig produzierten Zutaten der Region, auf Wunsch vegetarisch oder vegan, hat **Genuino** 4 (Via delle Beccherie 13, T 040 064 04 90, www.genuino.com, Mo–Fr 12–22, Sa 12–22.30 Uhr, ab 5 €). Leckeres Eis, auch ganz ohne Milch, gibt es bei **Gelato Marco** 5 (Via Malcanton 16a, Di–So).

Cityplan G/H 5/6 und L 3/4 | **Bus** 9, 10, 11 (Museum), 6, 9, 17, 4, 39 (Synagoge)

Im ehemaligen jüdischen Ghetto florieren heute Antiquitätenhandel und Gastronomie. Wer sich Zeit nimmt zum Bummeln, wird auf das ein oder andere Fundstück stoßen.

gründete Museum integriert. Während sie noch bis 1987 für religiöse Zwecke genutzt wurde, waren die anderen vier Synagogen im ehemaligen Ghetto ebraico nach Eröffnung der großen **Synagoge** 3 (Sinagoga) an der Via San Francesco geschlossen worden.

Der 1912 eingeweihte prachtvolle Tempel im orientalischen Stil, ein Bauwerk der lokalen Architekten Ruggero und Arduino Berlam, ist nach der von Budapest die zweitgrößte Synagoge Europas. Das Gotteshaus präsentiert sich als verschachtelter und mehrfach überkuppelter Bau, der von mehreren Fensterrosetten mit integriertem Davidsternmotiv belichtet wird. Dekoratives Highlight im zentralen dreischiffigen Gebetssaal ist eine prächtige Apsis im Mittelschiff, die von einem goldenen Mosaik überwölbt wird. Die Triestiner Synagoge übernahm die seelsorgerische Betreuung der jüdischen Bevölkerung, die seit dem späten 18. Jh. kontinuierlich gewachsen war. Nachdem Joseph II. mit seinem Toleranzpatent ihre Diskriminierung verboten hatte, siedelten sich Juden aus dem benachbarten Venedig und anderen Teilen Europas in Triest und anderswo in den österreichischen Kronlanden an. Die seit Beginn des 13. Jh. nachgewiesene jüdische Gemeinde von Triest zählte bei Einweihung der neuen Synagoge gut 5000 und am Vorabend des Holocaust sogar 7000 Mitglieder.

Sie teilten bekanntermaßen das traurige Schicksal ihrer Glaubensbrüder in anderen von Deutschen besetzten Landen. Diejenigen, die nicht rechtzeitig fliehen konnten, internierte man vor dem Abtransport nach Auschwitz oder in andere Konzentrationslager in die selbst zum KZ mutierte **Risiera di San Sabba** am Rande der Stadt, wo 25 von ihnen direkt an Ort und Stelle in den Tod gingen.

6

Stadthistorische Keimzelle – **Colle di San Giusto**

Von Triests früher Stadtgeschichte zeugen archäologische Ausgrabungen an den Hängen und auf dem Gipfel des Küstenhügels. Sowohl in der Antike als auch im Mittelalter lagen hier die Zentren der politischen und religiösen Macht. Vom Hügel bietet sich eine herrliche Aussicht auf Stadt und Meer. Hier wurde um 50 v. Chr. die römische Kolonie Tergeste gegründet und schlägt das historische Herz der Stadt.

Die imposanten Reste des römischen Theaters lassen erahnen, dass Triest schon in antiken Tagen kulturell ambitioniert war.

Schon der steil ansteigende Weg, den man auf den Colle di San Giusto hinaufschnauft, wird von allerlei römischen Steinen gepflastert. Man passiert die Reste von römischen Häusern und Grabstätten an der Via Donata – das **Antiquari-**

um e Sepolcreto 1 – und entdeckt an der Via del Seminario Rudimente der antiken Stadtmauer, die um 33–32 v. Chr. errichtet worden war. Mit dem **Arco di Riccardo** 2 an der Piazza Barbacan ist davon ein fast vollständig erhaltenes Teilstück zurückgeblieben. Noch mehr Eindruck als das alte Stadttor macht das **Teatro Romano** 3 aus dem 1. Jh., dessen 3500 Zuschauer sich in der Antike noch über die natürliche Kulisse der Adria freuten – zu jener Zeit lag das Theater noch unmittelbar am Meer. Heute schaut man von den Besucherrängen auf die betongraue **Questura** 4, einen Verwaltungsbau aus der faschistischen Ära, der als Dienststelle von Veit Heinichens Commissario Laurenti kriminalliterarischen Ruhm genießt.

Die Kathedrale auf dem Küstenhügel hat es in sich: Sie integriert Mauern und Mosaiken aus mehreren Jahrhunderten – ein wahrer Streifzug durch die (Kunst-)Geschichte.

Nachhaltiges Bauen

Hoch oben auf dem Küstenhügel ruhen die Ruinen des **Foro Romano** 5 (Basilica Forense Romana), darunter die einer römischen Basilika, womit in der Antike kein sakraler, sondern ein profaner Repräsentationsbau gemeint war. Den Göttern huldigte man in Tempeln. Von dem in Tergeste blieben die Reste des Torbaus, durch den man die heilige Stätte betrat. Auf und neben den Mauerresten von Tergeste und mittels ›Recycling‹ derselben entwickelte sich die mittelalterliche Stadt, man bediente sich ihrer kurzerhand direkt. Mit der **Cattedrale di San Giusto** 6 hat diese Epoche ihr schönstes Erbe hinterlassen. Auffälligstes äußeres Gestaltungsmerkmal der im 14. Jh. aus zwei Vorgängerkirchen aus dem 9. bis 11. Jh. komponierten, ansonsten schlicht romanischen Kathedrale ist ihre filigran gestaltete gotische Fensterrosette. Ein Bodenmosaik aus dem 5. Jh. in ihrem fünfschiffigen Innern belegt, dass bereits die beiden älteren Kirchen auf eine frühchristliche Basilika gründeten, die ihrerseits einen römischen Tempel zum Fundament hatte.

Wunder und Wahrzeichen

Die Stars auf dem im byzantisch-orientalischen Stil gehaltenen Mosaiken- und Freskendekor des Epochen übergreifenden Kirchenkomplexes sind die Heiligen Justus (San Giusto) und Sergius (San Sergio). Ersterer warb im spätantiken Tergeste für die frohe christliche Botschaft und lehnte die Anbetung der römischen Gottheiten ab. Als Strafe für

Ü
ÜBRIGENS

Sie haben noch nicht genug von archäologischen Preziosen? Noch mehr prähistorische Funde, römische Inschriften, Skulpturen und Reliefs, Zeugnisse altgriechischer und ägyptischer Kultur sind in Haus und Garten des **Civico Museo di Storia ed Arte/Orto Lapidario** 10 (Via della Cattedrale 1, www.museostoriaeartetrieste.it, 15, Di–Sa 10–13, 16–19, So 10–19 Uhr, Eintritt frei) gleich neben der Kathedrale zu sehen. Außerdem steht dort ein neoklassizistisches Tempelchen mit einem Grabmonument für den 1768 in Triest ermordeten deutschen Archäologiepapst Johann Joachim Winckelmann (► S. 22).

Kathedrale von San Giusto

derlei Renitenz gegenüber Kaiser Diokletian warf man ihn im Jahr 303 beschwert mit Gewichten ins Meer, das seinen Leichnam allerdings auf einen Strand vor dem Küstenhügel wieder auspuckte. Seine Glaubensbrüder bewahrten seine sterblichen Überreste, die im 5. Jh. in einer eigens errichteten Basilika bestattet und später in die neue Kathedrale umgebettet wurden. Ein Abbild des frommen Mannes ziert auch den **Campanile** der Kathedrale, wo er ein Modell von Triest in Händen hält.

San Sergio stammte aus Syrien, war als Offizier des römischen Heeres in Tergeste stationiert und ebenfalls zum Christentum konvertiert. Als er in seine alte Heimat versetzt wurde, versprach er ein Zeichen zu schicken, falls ihn dort der Märtyrertod ereile. Das geschah der Legende nach um das Jahr 305, als die Hellebarde des frommen römischen Soldaten vom Himmel fiel und mitten auf dem Forum niederging. Die heilige Waffe, italienisch *alabarda*, gehört zum Domschatz und ist Wahrzeichen und Wappenmotiv der Adriastadt, die Küstenhügel, Kathedrale und Kastell gleichwohl dem heiligen Justus gewidmet hat.

Museen mit Küstenpanorama

Das **Castello di San Giusto** 7 wurde am Standort einer zerstörten venezianischen Festung erbaut, bekam zwischen 1471 und 1630 seine monumentale Gestalt und fungierte bis zum 18. Jh. als Residenz des österreichischen Statthalters. In der kolossalen Burg, 1509 um die Bastione Veneto erweitert, verschanzten sich 1813 die Franzosen vor den Österreichern und im Zweiten Weltkrieg deutsche Soldaten vor den Alliierten. Das Schloss, in dessen Innenhof das Original der bronzenen Skulpturengruppe vom Glockenturm des Rathauses (► S. 22) zu sehen ist, war zeitweise Kaserne, ist heute Museumsstandort und Schauplatz für kulturelle Events. Die Kollektion des **Waffenmuseums** ist wohl eher von Spezialinteresse, die römischen Mosaiken und Mauerfragmente, Lapidarien und Torsi im **Lapidario Tergestino** 8 ›illustrieren‹ auch für Laien anschaulich die antike Vergangenheit der Stadt.

Ganz andere Besichtigungskost serviert das **Alinari Image Museum** 9, kurz AIM, das sich in temporären Ausstellungen und einem computertechnisch hochgerüsteten Studio mit historischer und zeitgenössischer Fotografie befasst. Bei einem Spaziergang über den Mauergürtel des Castello di San Giusto schweift der Blick über Stadt und Hafen aufs Meer.

INFOS/ÖFFNUNGSZEITEN

Cattedrale di San Giusto 6: Piazza della Cattedrale, www.diocesi.trieste.it, Mo–Sa 7.30–12.30, 15.30–19, So, Fei 8–20 Uhr
Castello di San Giusto 7: Via Cattedrale 3, www.castellodisangiustotrieste.it, Di–So 10–19 Uhr, 3 €
Alinari Image Museum 9: Piazza della Cattedrale 3, www.imagemuseum.eu, Di–So 10–17, April–Okt. 19 Uhr, 6 €

KULINARISCHES FÜR ZWISCHENDRIN

Das Stadt- und Küstenpanorama lässt sich auch wunderbar bei einem Snack an den Tischen vor der Minibar **Panoramik** 1 (geöffnet wie das Castello) im Bastione Veneto goutieren. Wer größeren Hunger hat, kann unweit der Kathedrale in der **Antica Hostaria Da Libero** 2 einkehren, wo im nostalgischen Ambiente eines 1914 eröffneten Gasthauses rustikale saisonale Regionalküche mit Fleisch und Gemüse auf den Teller und guter Wein aus der Gegend ins Glas kommen (Via Risorta 7a, T 040 30 1[illegible] 13, www.hostariadalibero.com, Mo–Sa 12.30–14, 19.30–22 Uhr, Menü um 30 €)

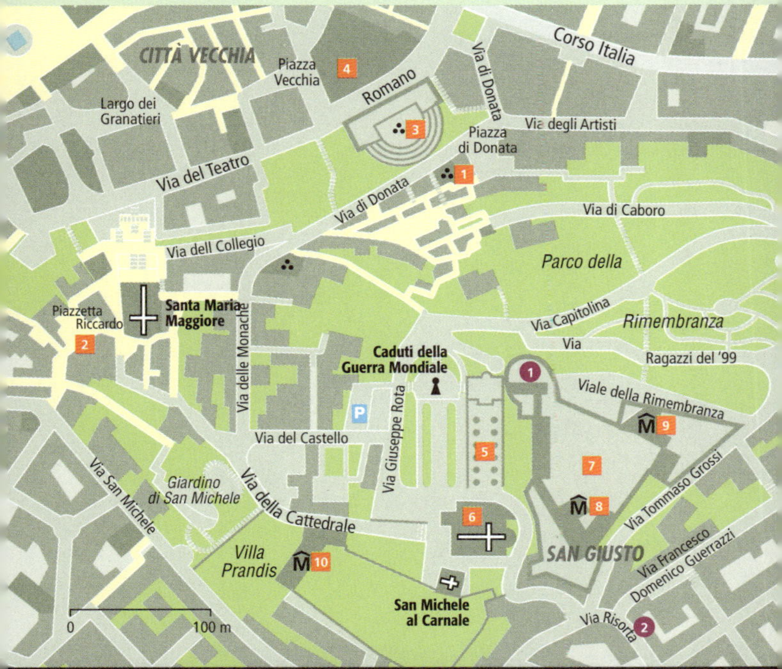

Cityplan G–J 6/7 | **Bus** 24

\# 7

Stadt der Dichter – **Museo Sveviano und Museo Joyce**

Italo Svevo eilt – in einer Hand ein Buch, in der anderen seinen Hut – in Richtung Stadtbibliothek. Am Geländer des Ponte Rosso steht – in legerer Körperhaltung – James Joyce. In den Passantenstrom der Via Dante mischt sich – auf den Gehstock gestützt – Umberto Saba. Die lebensechten Bronzeporträts der drei großen Dichter stehen mitten im urbanen Getriebe und für Triests mitteleuropäisch geprägte literarische Tradition.

Es ist deshalb gar nicht so überraschend, dass sich der wichtigste Gegenwartsautor der Adriastadt zugleich als international anerkannter Experte für deutschsprachige Literatur profiliert. Claudio Magris (geb. 1939) studierte und lehrte Germa-

Auch ich konnte nicht widerstehen: Sie sehen die Autorin ›im Schulterschluss‹ mit James Joyce.

nistik, ist Kolumnist des »Corriere della Sera« und schrieb Essays und Romane, zuletzt »Verfahren eingestellt« (2017), in dem es wie so oft bei dem u. a. mit dem Friedenspreis des Deutschen Buchhandels (2009) ausgezeichneten Intellektuellen um Krieg und Frieden geht. Die graue Eminenz der zeitgenössischen Triestiner Literatur arbeitet vorzugsweise im **Caffè San Marco** (► S. 49), womit nach den eingangs aufgezählten drei **Dichterdenkmälern** schon das vierte ›Literaturpilgerziel‹ der Adriastadt genannt sei. Er versteht sich wie so mancher Dichter und Denker des Fin de Siècle als Kaffeehausliterat und verfasste das literarische Stadtporträt »Triest. Eine literarische Hauptstadt in Mitteleuropa«, in dem es natürlich auch um Svevo, Joyce und Saba geht.

Unter einem Dach

Nur einen Katzensprung von **Italo Svevos Denkmal** 1 an der **Piazza Hortis** entfernt und gleichsam Pflichtetappe auf den Spuren der großen Literaten, die in Triest schrieben, lebten und den ein oder anderen Espresso in den berühmten Kaffeehäusern tranken, ist das **Museo Sveviano** 2. Es widmet sich dem in Triest geborenen Dichter. Praktischerweise kann man gleich unter demselben Dach im **Museo Joyce** Leben und Schaffen des Iren James Joyce kennenlernen. Texte und Bilder informieren über die Lebens-, Werks- und Beziehungsgeschichte der beiden befreundeten Künstler.

Prominent gecoacht

Italo Svevo wurde 1861 als Hector Aaron Schmitz und Spross einer gutbürgerlichen jüdischen Familie in Triest geboren, absolvierte seine Schulausbildung in Bayern und die höhere Handelsschule in Triest. Er arbeitete zunächst in einer Bank und nach seiner Heirat mit Livia Veneziani (1896) in der Firma seiner Schwiegereltern, die mit der Herstellung eines algen- und muschelabweisenden Unterwasserlacks für Schiffe international erfolgreich waren. Wundern Sie sich also nicht über Werbeplakate für die bahnbrechende Farbe oder die Firmenkorrespondenz ihrer Produzenten in dem biografisch orientierten Literaturmuseum, in dem man erfährt, dass der kleine Hector Aaron schon in seiner Jugend schriftstellerische Ambitionen hegte. Er schrieb Novellen und Theatertexte

D
DICHTER

Noch ein Dichter: Im selben Gebäude wie das **Museo Sveviano** und das **Museo Joyce** ›lagert‹ eine der Stadt Triest vererbte Sammlung des Lokalhistorikers Domenico Rossetti (► S. 120), die unter **Museo Petrarchesco Piccolomineo** firmiert (Via Madonna del Mare 13, www.museopetrarchesco.it, Mo–Sa 9–13, Do auch 15–19 Uhr, Eintritt frei). Die wertvollen Handschriften und (Kunst-)Druckerzeugnisse illustrieren das Œuvre von Nationaldichter Francesco Petrarca (1304–74) und Papst Pio II., der als Enea Silvio Piccolomini (1405–64) in Siena geboren wurde und eine Weile Bischof von Triest war.

Cityplan E/F 6/7 | Bus 24

INFOS/ÖFFNUNGSZEITEN

Museo Sveviano/ Museo James Joyce 2: Via Madonna del Mare 13, www.museosveviano.it, www.museojoycetrieste.it, Mo–Sa 9–13, Mi–Fr 15–19 Uhr, Eintritt frei

---

KULINARISCHES FÜR ZWISCHENDRIN

Nicht weit vom Museum tischt die freundliche **Tavernetta Trieste** 1 passable Lokalküche auf (Via Madonna del Mare 2, T 040 30 85 94, www.tavernetta-trieste.com, Mo–Sa 10–14.30, 19–22.30 Uhr, Aug. geschl., Menü um 30 €). Für einen Kaffee oder Wein lege ich Ihnen das alternativ-kulturelle **Knulp** 2 gleich nebenan ans Reiseherz. Letzteres sollten Sie auch gleich als Abendadresse vormerken (► S. 107).

und die Romane »Una Vita« (Ein Leben, 1892) und »Senilità« (1896), denen freilich vorerst kein Erfolg beschieden war.

Das Blatt wendete sich, als er an der Triestiner Berlitz School einen Englischkurs beim seinerzeit ebenfalls noch relativ unbekannten James Joyce absolvierte. Der ermutigte ihn dazu, seine literarische Tätigkeit fortzusetzen, sodass er mit seinem Roman »Zenos Gewissen« (1923) doch noch den Durchbruch erlangte. Svevo wurde von der zeitgenössischen italienischen Literaturkritik als begnadeter Gegenwartsautor und kurz vor seinem Autounfalltod am 13. September 1928 vom Pen Paris sogar als einer der 50 größten europäischen Schriftsteller gefeiert.

Literarisch adoptiert: James Joyce

Sein später weltberühmter Mentor erblickte 1882 in einer katholischen Dubliner Mittelschichtfamilie das Licht der Welt. Er studierte Französisch, Italienisch und Medizin in Paris, von wo er allerdings bald nach Irland zurückkehrte, um sich dort mit ersten Erzählungen und Gedichten literarisch zu profilieren. 1904 bewarb er sich auf eine Englischlehrerstelle an der Berlitz School der schon damals kosmopolitisch orientierten habsburgischen Hafenstadt Triest, die allerdings bei seiner Ankunft besetzt war, sodass er zunächst denselben Posten in Pola (Istrien) übernahm.

Nachdem dort alle Ausländer wegen einer Spionageaffäre ausgewiesen wurden, kehrte er 1905 zurück nach Triest, wo er dann noch die begehrte Stelle bekam. Während er als Englischlehrer arbeitete und als solcher Italo Svevo kennen und schätzen lernte, war Joyce literarisch überaus produktiv. Er verfasste u. a. mehrere unter »Dubliners« publizierte Erzählungen, das Drama »Verbannte« und die ersten Kapitel des »Ulysses«, der als richtungweisend für den modernen europäischen Roman betrachtet wird.

Bei Beginn des Ersten Weltkriegs verließ Joyce die Adriastadt gen Zürich. Er zog dann nach Paris, wo er 1922, nachdem er 1919 zwischenzeitlich für einige Monate ins inzwischen italienische Triest zurückgekehrt war, sein Meisterwerk vollendete. Auf der Flucht vor den Nazis trieb es ihn erneut nach Zürich, wo am 13. Januar 1941 starb. Der jüdische (Anti-)Held des Ulysses, dessen Vater seiner fiktiven Vita zufolge von Ungarn via Wien und Triest nach Dublin eingewandert war, heißt Leopold Bloom und soll Züge von Italo Svevo tragen. Er ist Namenspatron des auch im Museo Joyce alljährlich am 16. Juni begangenen **Bloomsday,** mit dem James Joyce an mehreren Orten der Welt bis heute gewürdigt wird.

▶ LITERATOUREN

Wer sich noch intensiver mit dem Leben und Schreiben von Svevo, Joyce & Co. befassen und neben den hier genannten noch weitere biografische Stationen der (Wahl-)Triestiner Dichter und Denker ›abklappern‹ möchte, bekommt vor Ort und/oder online auf **http://itinerari.comune.trieste.it/letterari/** entsprechende Tourvorschläge in Form der **Itinerari Letterari** (▶ siehe auch S. 113).

→ ETWAS WEITER UM DIE ECKE

Zum Dreigestirn der meist gefeierten lokalen Literaten gehört neben Svevo und Joyce **Umberto Saba** (1803–57). Der Lyriker, der eigentlich Umberto Poli hieß und jüdischer Herkunft war, reflektierte in seinen Gedichten, z. B. in »Trieste e una donna« (Triest und eine Frau), sein eigenes Innenleben, galt als psychisch labil und verbrachte seine letzten Jahre in einer Klinik. Saba betrieb von 1919 bis 1938, als er sich vor antisemitischer Diskriminierung nach Florenz flüchtete, ein Antiquariat, das 1981 als **Libreria Antiquaria Umberto Saba** 3 (H 5, Via San Nicolò 30, Di–Sa 9–12.30, 15.30–19.30 Uhr) reanimiert wurde. Ganz in der Nähe steht das eingangs erwähnte dreidimensionale **Dichterporträt** 4, das ebenso wie die bronzenen Abbilder von **Svevo** 1 und **Joyce** (H 4) vom Triestiner Bildhauer Nino Spagnoli stammt. Im Haus an der Via San Nicolò 32 befand sich übrigens bis 1906 die Triestiner Filiale der **Berlitz School,** die 1901 hier eingerichtet worden war.

Wer seinen »Ulysses« gelesen hat, kann stolz auf sich sein. Der sehr lange, aber sehr gute Roman, wovon die ersten Kapitel in Triest entstanden, gilt als das bedeutendste Werk des irischen Dichters James Joyce.

#8

Kult um die braune Bohne – **historische Kaffeehäuser**

Triestiner trinken mit durchschnittlich 1500 Tassen pro Kopf und Jahr doppelt so viel Kaffee wie ihre Landsleute anderswo im Belpaese. Sie haben die Vorliebe für das aromatische Getränk sozusagen in die Wiege gelegt bekommen: In der Adriastadt wird schon seit 300 Jahren Rohkaffee aus Südamerika, Asien und Afrika angelandet und so mancher Sack direkt vor Ort verarbeitet, verkauft und natürlich auch verkostet.

Riechen Sie das? Ja, genau, das ist der Duft von frisch gepresstem Kaffee! Auf ins nächste Caffè – das in Triest nie weit entfernt ist.

Im Hafen von Triest, präzise am Molo VII, kommen jährlich gut eine Million Säcke à 60 kg Rohkaffee an. Ein Teil wird dort zwischengelagert,

von lokalen Spediteuren wie dem Familienunternehmen Sandalij akribisch geprüft und zu geschmackvollen Blends gemischt an Röstereien und Kaffeehäuser in aller Welt verschickt. Ein anderer bleibt in Triest, wo mehrere größere und kleinere Kaffeemarken angesiedelt sind. Die bekannteste heißt Illy, inzwischen international ein Synonym für italienische Kaffeekultur, die in Triest in gemeinen Bars und gediegenen Kaffeehäusern gepflegt, an einer **Universität** gelehrt und mit einem **Museum** gewürdigt, mit dem jährlichen **Trieste Coffee Festival** oder der Kaffeebiennale **Triest Espresso Expo** mit Gästen aus nah und fern gefeiert wird.

Historische Kaffeehäuser alla viennese

Während man sich bei der **Torrefazione La Triestina** ❶ zu einem schnellen und schmackhaften Koffeinschub im Stehen einfindet, kehrt man in die zahlreichen historischen Kaffeehäuser alla viennese zum längeren Verweilen ein. Die schönen alten Lokale, in denen im 19. und heraufziehenden 20. Jh. Dichter und Denker debattierten und national gesinnte Italiener (Irredentisten) den Umsturz und Anschluss an Italien planten, sind bis heute ein beliebter Treffpunkt der lokalen Intellektuellen- und Literatenszene.

Das **Caffè Tommaseo** ❷ (► S. 22) servierte schon 1830 Kaffee und als erstes Lokal der Stadt *gelato*. Heute profiliert es sich obendrein als feine Weinbar und Restaurant. Im **Caffè degli Specchi** ❸ (► S. 21) schaut man seit 1839 in – inzwischen nur noch drei im Original erhaltene – Spiegel und den grandiosen Meeressalon Piazza dell'Unità. Das **Caffè Stella Polare** ❹ (► S. 35) existiert seit 1867 und soll zur Zeit der alliierten Besatzung ein beliebter Ort fürs Date von amerikanischen Soldaten und junger Triestinnerinnen gewesen sein. Als konspirativer Treffpunkt revolutionärer Italiener galt das 1914 eingeweihte **Caffè San Marco** ❺, das schon 1915 von der österreichisch-habsburgischen Polizei dicht gemacht und demoliert wurde. Es wurde in seinem ursprünglichen Jugendstilinterieur wieder aufgebaut, gilt als Forum für lokale Künstler, ist Café und Restaurant. Das **Caffè Antico Torinese** ❻ beeindruckt mit originalem Outfit von 1919 und einer entzückenden Jugendstiltheke.

Dem Kaffee als bedeutendem Wirtschaftsfaktor und kulturellem Lebenselexier ist auch das **Museo del Caffè** 1 gewidmet. Es ist eine Sektion des Museo Commerciale und leider nur auf telefonische Voranfrage zu besichtigen. Theoretisch zumindest, denn mir ist es nicht gelungen, in die heiligen Hallen des Handelsmuseums vorzudringen. Aber vielleicht war der zuständige Mitarbeiter an jenem Tag nur krank.

Kunst auf Kaffeetassen: Die Illys haben viele namhafte zeitgenössische Künstler für diese Idee gewinnen können.

Sprechen Sie Kaffeelatein?

In der literaturhistorisch aufgeladenen Atmosphäre dieser wienerisch anmutenden Kaffeehäuser schmeckt der Kaffee besonders gut. Aber Vorsicht beim Bestellen! Ein Caffè bzw. Espresso heißt hier ›Nero‹ oder ›Nero in B‹, wenn man ihn in einem Glas *(bicchiere)* haben will, der Cappuccino firmiert in Triest unter ›Caffelatte‹ und unter ›Capo‹ versteht man einen Espresso macchiato (mit einem Schuss Milch), der ebenfalls gern aus dem Glas getrunken wird und dann – Sie ahnen es schon – Capo in B genannt wird. Wer es koffeinfrei mag, bestellt einen ›Deca‹ oder ›Deca in B‹.

Ganz besonders schöne Tassen kommen übrigens aus der Werkstatt der Firma Illy, die seit knapp 30 Jahren die **Illy Art Collection** auflegt. Dahinter verbergen sich von Matteo Thun designte Espresso- und Cappuccinotassen mit Motiven von Michelangelo Pistoletto, Marina Abramovic, Sandro Chia, Robert Rauschenberg, Jeff Koons oder Yoko Ono (www.shop.illy.com). Mit bis zu 400 € das Stück schlagen die guten Stücke zu Buche. Wer sie sich bei diesen Preisen erst einmal ansehen möchte, hat in der **Illyteca** 7 Gelegenheit dazu. Dort kann man nicht nur Kaffee und Kakao trinken, sondern auch alle Illy-Produkte kaufen.

Illy & Co: Triestiner Kaffeeikonen

Die Erfolgsstory des Kaffees begann in der Mitte des 18. Jh., als in der Adriastadt bereits elf kleine Röstereien und die ersten Kaffeehäuser aktiv waren, und kam im Verlauf des 19. Jh. so richtig in Fahrt. Die Familie Illy ist aus Ungarn nach Triest eingewandert, seit 1933 im Kaffeegeschäft und heute ein Global Player. Die Weltfirma wurde von Francesco Illy gegründet und macht inzwischen unter der Regie seiner Enkel Francesco, Riccardo und Andrea hochwertigen Kaffee aus 100 % Arabica-Bohnen und biologisch und sozial nachhaltigem Anbau. Sie erbrachte Pionierleistungen bei der Entwicklung aromaschützender Verpackungen und baut Maschinen für die fachgerechte Zubereitung von Kaffee, die man an der **Università del Caffè**, ebenfalls unter dem Dach von Illy, studieren kann. Schon vor den Illys machte sich die Firma Hausbrandt, 1892 gegründet und unterdessen mit der Produktion nach Vicenza umgezogen, einen Markenamen. Neben diesen großen existieren in Triest bis heute mehrere kleinere Röstereien, darunter San Giusto, Triestecaffè, Caffè Guatemala oder die winzige Torrefazione Triestina (s. o.), die die ›grünen Bohnen‹ gleich hinter ihrem Laden in der Altstadt bräunt.

INFOS/ÖFFNUNGSZEITEN

Torrefazione La Triestina ❶: Via di Cavana 2, www.torrefazionelatriestina.it, tgl. 8–20 Uhr
Caffè San Marco ❺: Via Battisti 18, www.caffesanmarco.com, Mo–Do 8.30–22, Fr, Sa 8.30–24, So 9–22 Uhr
Caffè Antico Torinese ❻: Corso Italia 2, www.anticocaffetorinese.ts.it, tgl. 7–24 Uhr
Illyteca ❼: Via Luigi Einaudi 2a, Mo–Sa 9–13, 16–19.30 Uhr
Museo del Caffè 1: Via San Nicolò 7, 2. Stock, Mo–Fr 10–13 Uhr auf tel. Anfrage, T 040 670 12 69, Eintritt frei

BESUCH BEI ILLY

Die Firma **Illy** residiert im Triestiner Industriegebiet in der Via Flavia 110 (Karte 3, D 4, Bus 40). Betriebsbesichtigungen für Otto Normalkaffeetrinker gibt es leider nur selten. Die raren Termine finden Sie auf der Website der **Kaffeeuniversität** (www.unicaffe.com) oder sind in der **Illyteca ❼** (s. o.) zu erfahren, wo Sie sich auch anmelden müssen (kleine Führung 15 €, große 70 € pro Person). Ich habe dank der Zufallsbekanntschaft mit einem Kaffeemaschinendesigner das Firmengelände erkundet, was Sie sich gegebenenfalls nicht entgehen lassen sollten.
Das perspektivisch weltweit eingeführte neue Illy-Bardesign wurde übrigens erstmals in der **Espressamente Illy ❽** (Via delle Torri 3, 7–21 Uhr) realisiert – auch hier kann man dem Kaffeekult huldigen.

DEN KAFFEE FEIERN

Trieste Coffee Festival: http://triestecoffeefestival.it, Okt./Nov.
Triest Espresso Expo: www.triestespresso.it, Okt.

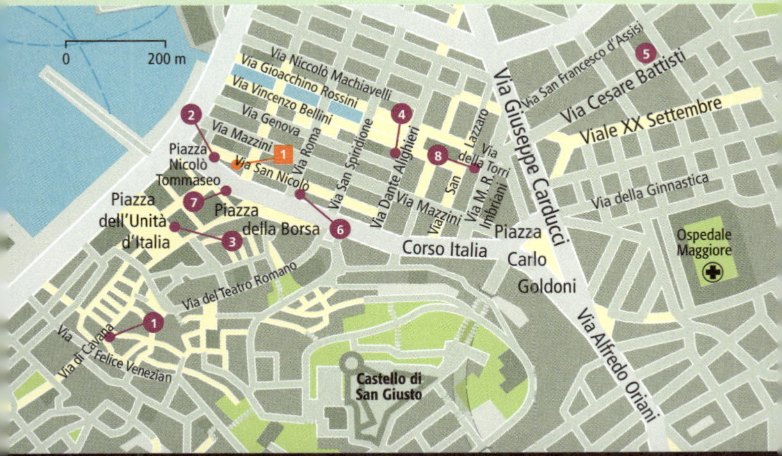

Cityplan F–L 4–6

#9

Für den Frieden – **Museo della Guerra per la Pace Diego de Henriquez**

Man fährt im wahrsten Sinne des Wortes schwere Geschütze auf im »Museum des Krieges für den Frieden«. Es dokumentiert Leben und Leiden während der beiden Weltkriege, beeindruckt mit sensationellen Exponaten und nicht zuletzt seiner ungewöhnlichen Geschichte, die untrennbar mit der etwas sonderbaren Persönlichkeit seines Namenspatrons Diego de Henriquez verbunden ist.

Im Museum des Krieges für den Frieden fällt einem unwillkürlich der biblische Spruch ›Schwerter zu Pflugscharen‹ ein. Die Ausstellung ist ein bewegendes Plädoyer für den Frieden.

Initialzündung für die Einrichtung des im Sommer 2014 eingeweihten **Museo della Guerra per la Pace Diego de Henriquez** 1 – nicht zufällig 100

Jahre nach Ausbruch des Ersten Weltkriegs – war die von einem einzigen Menschen zusammengetragene und zuvor jahrzehntelang ›eingemottete‹ Sammlung großer und kleiner ›Dinge‹, die auf anschauliche und anrührende Weise die historische Entwicklung von Triest und Umgebung in den Jahren 1914 bis 1954 illustrieren.

Die konzeptionell gelungen komponierten und klug kommentierten Exponate stammen mehrheitlich aus dem einzigartigen Fundus von Diego de Henriquez (1909–74), der im Laufe seines Lebens 2800 große und kleine Waffen, 24 000 Fotografien, 287 Tagebücher, 12 000 Bücher, 2600 Plakate und Flugblätter, knapp 500 Drucke und Landkarten, 250 Film- und Tondokumente und 150 Gemälde rund um das Thema Krieg und Frieden gesucht, gefunden und gehortet hat. Nach aufwendiger Restaurierung füllt eine Auswahl davon heute das zweigeschossige Museum.

Dunkle Zeiten

Im Erdgeschoss des Museo Diego de Henriquez geht es unter dem Motto **»Il Funerale della Pace«** um das ›Das Begräbnis des Friedens‹ bzw. die Geschichte des Ersten Weltkriegs. Die ›Erzählung‹ beginnt mit dem Attentat auf den österreichischen Thronfolger und seine Gattin in Sarajevo. Zu sehen ist ein einzigartiger Film, der die Ankunft ihrer Särge im Hafen der Adriastadt und den Trauerzug zum Triestiner Bahnhof zeigt, von wo sie mit der Eisenbahn nach Wien gebracht wurden.

Zeitgenössische Fotografien, Propagandaplakate und andere gedruckte Dokumente umrahmen Kanonen und Gewehre, eine Gulaschkanone und einen Sanitätswagen sowie allerhand andere Gegenstände, die damals im militärischen Einsatz waren und durch Texte und Tabellen in den jeweiligen Zeitkontext gerückt werden.

100 Jahre Krieg

Eine Etage darüber zeigt die Schau unter dem Stichwort **»100 Jahre Krieg«** die Auswirkungen der beiden Weltkriege auf die Geschichte des 20. Jh. Insbesondere die Ära des Faschismus ist eindringlich multimedial dokumentiert, sodass man mit Schaudern zuschaut, wie Mussolini auf der schönen Piazza dell'Unità die hässlichen italienischen Rassengesetze verkündet. Zu lesen sind

Ü
ÜBRIGENS

Zwei Städte, eine museale Gemeinsamkeit: Angesichts der schweren Geschütze im Triestiner Friedensmuseum kam mir sofort der sympathische Werbeslogan des Heeresgeschichtlichen Museums in Wien in den Sinn. Der lautet **»Kriege gehören ins Museum«,** würde auch hier gut passen und Waffennarren von vornherein signalisieren, dass es nicht um die (Be-)Achtung von Panzern und Kanonen, sondern um ihre Ächtung geht.

die von Diego Henriquez abgeschriebenen Botschaften der Todgeweihten auf den Wänden des lokalen Konzentrationslagers Risiera di San Sabba (► S. 56), die bald nach dem Krieg – wohl nicht zuletzt um mögliche Hinweise auf die Mittäterschaft lokaler Honoratioren zu löschen – übertüncht worden waren.

Verdienstvoll und verrückt

Das Museum lässt auch die ungewöhnliche und durchaus ein wenig verrückte Vita seines Gründers Revue passieren. Diego de Henriquez, Abkömmling portugiesischer Einwanderer, wurde 1909 in Triest geboren, arbeitete nach nautischer Ausbildung und Militärdienst auf der Werft in Monfalcone und entdeckte schon als Jugendlicher seine Sammelleidenschaft, die zunächst auf das Aufspüren archäologischer Preziosen gerichtet war. Als er 1941 erneut zum Militärdienst eingezogen und für die Sichtung und Sicherstellung von Kriegsbeute auf dem Triestiner Karst eingeteilt wurde, begründete er seine Kollektion von Waffen und Kriegsgerät.

Bei Einmarsch der Deutschen im Jahre 1943 transportierte er seine großen und kleinen Fundstücke auf einen Hügel nahe der Stadt, um sie dem Zugriff der Besatzer zu entziehen, für die er wiederum als Übersetzter im Einsatz war. Wäh-

INFOS/ÖFFNUNGSZEITEN

Museo della Guerra per la Pace Diego de Henriquez 1: Via Cumano 22, T 040 675 46 99, www.museodiegodehenriquez.it, Mo, Mi–Fr 10–17, Sa, So 10–19 Uhr, 6 €

KULINARISCHES FÜR ZWISCHENDRIN

In der Gegend gibt es kaum Restaurants und Cafés, wer – u. U. nach dem Besuch beider Museen – unbedingt einen Imbiss braucht, könnte dazu in der **Bar Buffet Alessandro** 1 einkehren, wo es passablen Kaffee und herzhafte Snacks gibt (Via Cumano 7, 6.30–21 Uhr).

Cityplan Karte 2 F/G 4/5 | **Bus** 18, sonntags **Bus** 5

renddessen heimste er weitere ›Schätze‹ bzw. feindliches Kriegsmaterial ein. Ab 1945 erhielt er von Triests alliierter Regierung die Erlaubnis, in Stadt und Umgebung Überreste der beiden Weltkriege einzusammeln.

1949 bot er seine inzwischen stattliche Kollektion zwecks Aufbau eines Museums seiner Heimatstadt an. Die zeigte sich zunächst interessiert und stellte ihm die Stelle eines künftigen Museumsleiters in Aussicht, worauf der Familienvater seine Arbeitsstelle kündigte. Als sich die Hoffnung auf den Direktorenposten nicht erfüllte und Henriquez in finanzielle Schwierigkeiten geriet, diente er sich und seine Sammlung zunächst vergeblich anderen italienischen Gemeinden an. Als er damit 1969 doch noch Erfolg hatte und mehrere Städte ihr Interesse signalisierten, erneuerte die Gemeinde Triest ihr Angebot und stellte ihm eine Lagerhalle für seine teilweise raumfordernden Objekte zur Verfügung. Sein Depot war dann auch der letzte Wohnsitz von Diego de Henriquez, der 1974 bei einem Brand in seiner ›Asservatenkammer‹ ums Leben kam.

Vermächtnis

Seine Sammlung ging dem Erbrecht entsprechend an Ehefrau und Kinder, die sie 1983 an die Stadt Triest verkauften. Sie wurde dem Fundus der städtischen Museen zugeordnet und in Ausschnitten und temporären Ausstellungen der Öffentlichkeit präsentiert, lagerte an diversen Standorten und landete schließlich in der ausgedienten Kaserne an Triests Peripherie, wo sie nun in ein zeitgemäßes Museum umgewandelt ein internationales Publikum verblüfft.

UM DIE ECKE

Die Busanfahrt zum Friedensmuseum an Triests Peripherie lohnt für sich diejenigen, die nicht nur historisch, sondern auch naturwissenschaftlich interessiert sind, doppelt: Direkt nebenan ist das **Museo Civico di Storia Naturale** 2 zu besuchen. Star des Hauses ist Dinosaurier Antonio, dessen imposantes Skelett 75 Mill. Jahre alt und bei Duino gefunden worden ist (Via dei Tominz 4, www.museostorianaturale trieste.it, Mo–Fr 10–17, Sa, So 10–19 Uhr, 3 €, zusammen mit o. g. Museum 7 €).

▶ LESESTOFF

Dem Leben und Werk von Diego de Hendriquez setzt Claudio Magris' jüngster Roman **Verfahren eingestellt** (Hanser 2017) ein Denkmal: Kreisend um die Entstehungsgeschichte des Museums geht es um Schicksale unter den Nazis und das Konzentrationslager San Sabba. Als vor- oder nachbereitende Lektüre des Museumsbesuchs unbedingt zu empfehlen.

10

Dunkles deutsches Erbe – **Risiera di San Sabba**

Wahrscheinlich wissen nur wenige, dass an Triests Peripherie das einzige mit einem Krematorium ausgestattete Konzentrationslager auf italienischem Boden angesiedelt war. Der historische Ort des Grauens gemahnt wie andere seinesgleichen zum ›Nie wieder‹ und gehört als Gedenkstätte zu den meist besuchten Orten der Stadt.

Die Türen stehen offen, damit man das einst dahinter ertragene Leid ermessen kann. Ein Besuch in der Risiera hallt lange in einem nach.

Ihrem ursprünglichen Zweck als Reisschälwerk diente die **Risiera di San Sabba** von 1898 bis 1930, danach wurde sie zum Waffenlager und zur Kaserne der italienischen Armee, um von 1943 bis 1945 zum deutschen Konzentrations-

lager zu mutieren. Sie war die letzte Station im Leben von politisch Oppositionellen und ein Vorhof der Hölle für Juden, die von hier in andere ›Todesfabriken‹ deportiert wurden.

Ein unheilvoller Weg

Als Mussolini im Juli 1943 entmachtet, gefangen genommen und durch eine Militärregierung unter Marshall Badoglio ersetzt wurde, verloren die Nationalsozialisten ihre italienischen Waffenbrüder, weil die neuen Machthaber im September des Jahres mit den Alliierten Frieden schlossen und Deutschland im Oktober den Krieg erklärten. Allein die Anhänger der nach dessen Befreiung durch die Deutschen vom ›Duce‹ ausgerufenen Republik von Salò blieben den im September 1943 in Italien einmarschierten Nationalsozialisten in ihrem Kampf gegen innere und äußere Feinde treu.

Zu den inneren Feinden gehörten nach ihrer rassistischen Lesart nicht nur politisch Oppositionelle, sondern auch Juden und Angehörige der slawischen Bevölkerungsminderheiten, weshalb Triests slowenische oder kroatische Bürger schon einmal per se verdächtig waren. Letztere hatten nicht erst seit Ankunft der Deutschen unter Diskriminierung zu leiden, da sich die erst seit 1919 italienische Stadt nach Mussolinis Machtübernahme (1922) als besonders systemkonform entpuppte.

Slowenische und kroatische Schulen wurden ebenso wie ethnisch orientierte Kulturvereine, Sozialeinrichtungen und Sportvereine, Wirtschaftsverbände oder Zeitungen und sogar Namen verboten oder zwangsitalienisiert. Seit Verabschiedung der italienischen Rassengesetze im Jahre 1938 traf die alltägliche Repression auch Juden, sodass es bald auch in Triest zu Übergriffen auf die Synagoge oder jüdische Geschäfte kam.

»Der Tod ist ein Meister aus Deutschland« (Paul Celan)

Ihre physische Vernichtung war freilich ein menschenverachtender Import der Nationalsozialisten. Bei deren Ankunft in Triest noch nicht emigrierte Juden wurden gefangen genommen und bis zu ihrem Abtransport in die bekannten

T
TÄTER

Zur Jahreswende 1975/1976 fand in Triest in Abwesenheit der Angeklagten der **Prozess** gegen die letzten Lagerkommandanten Dietrich Allers und Josef Oberhauser statt. Während Allers, der unterdessen ebenso wie Oberhauser nach diversen Inhaftierungen in Deutschland wieder auf freiem Fuß war, vor Prozessende starb, wurde Oberhauser zu lebenslanger Haft verurteilt. Da er von Deutschland allerdings nicht an die italienische Justiz ausgeliefert wurde, starb der SS-Mann im November 1979 in seiner Heimatstadt München.

Vernichtungslager in der Risiera di San Sabba inhaftiert. Nachdem die alte Reismühle zunächst als Lager für italienische Kriegsgefangene fungiert hatte, wurde sie im Oktober 1943 zu einem von vier sogenannten Polizeihaftlagern auf italienischem Boden umfunktioniert und im Unterschied zu den drei anderen im März 1944 mit einem Krematorium versehen.

Während die Juden hier auf ihre Deportation warteten und derweil zum Anheizen des Ofens, zur Entsorgung der Asche im Meer und Anfertigung von Kleidern und Schuhen für die SS abkommandiert wurden, tötete man die übrigen Gefangenen gleich an Ort und Stelle. Schätzungen zufolge wurden in der Risiera di San Sabba 3000 bis 5000 Antifaschisten jeglicher weltanschaulichen und ethnischen Couleur, darunter italienische, slowenische und kroatische Partisanen und 25 Juden, gefoltert, erschossen, erschlagen, in mobilen Gaswagen ermordet und letzten Endes verbrannt.

Nach dem Krieg jahrelang als Unterkunft für Flüchtlinge aus dem ehemaligen Jugoslawien genutzt, wurde die Risiera di San Sabba 1965 zum Nationaldenkmal erhoben und in eine Gedenkstätte nebst Museum umgewandelt. Letzteres wurde 1975 eröffnet.

Wider das Vergessen

Nachdem das Krematorium am 29. April 1945 schon von den Deutschen selbst gesprengt worden war, beseitigten die Architekten des Memorials auch die übrigen baufällig gewordenen Gebäude und ersetzten sie durch hohe Betonmauern. Die grauen Wände begrenzen zusammen mit den verbliebenen Backsteinbauten den Innenhof, den man von der Straße aus durch eine enge **Betonschleuse (Tunnel)** 1 erreicht. Von der ›Basilika unter freiem Himmel‹, auf deren Boden Metallplatten und eine hoch aufragende Stahlskulptur den Standort von Krematorium und Schornstein markieren, betritt man die historischen Gebäude.

In einem davon, wegen der beim Umbau freigelegten Holzbalken **Sala delle Croci** 2 genannt, waren in den oberen Etagen Juden inhaftiert und in den unteren die von ihnen geraubten Wertgegenstände gelagert. Ursprünglich vierstöckig, wurde es inzwischen von seinen Zwischendecken befreit und ist bis auf einige ›Beutestücke‹ gänzlich leer. In einem anderen Haus entsetzen 17 im schockierenden Original belassene, nur gut 6 m² kleine **Zellen** 3 *(celle)*. Darin waren bis zu sechs Mitglieder der *Resistenza* (Widerstand) Tage, Wochen oder sogar über Monate eingepfercht. Bei jüngsten Restaurierungen kamen einige Graffiti und ein kleiner roter Partisanenstern zum Vorschein.

Gleich nebenan schockiert die **Cella della Morte** 4 (Todeszelle), und in der **Sala delle Commemorazioni** 5 im Gebäudetrakt vis-à-vis erinnert die Skulptur **Monumento ad Auschwitz** an das Schicksal all derjenigen, für die der Aufenthalt im Polizeihaftlager an Triests Peripherie ein bitterer Vorgeschmack auf noch viel größeres Leiden war.

Das jüngst in zeitgemäßer Museumsmanier generalüberholte und um weitere Exponate aus dem Besitz Triestiner Juden bereicherte **Civico Museo della Risiera** 6 dokumentiert mit Texten, Bildern und Tönen, Alltags-, Erinnerungs- und Kunstobjekten die Geschichte der Risiera di San Sabba sowie das weitere Schicksal von dort deportierter Juden und ordnet das immer wieder Unbegreifliche in den eingangs skizzierten Zeitkontext ein.

INFOS/ÖFFNUNGSZEITEN

Monumento Nazionale della Risiera di San Sabba: Via Palatucci 5, www.risierasansabba.it, tgl. 9–19 Uhr, Museum Mi geschlossen. Eintritt frei

KULINARISCHES FÜR ZWISCHENDRIN

Wenn Sie vor der Rückkehr in die Stadt einen Kaffee oder Schnaps brauchen, um das Gesehene zu verarbeiten, finden Sie in der Nähe der Gedenkstätte die **Bar Moreno** (Via di Valmaura 19, tgl. 6–22 Uhr).

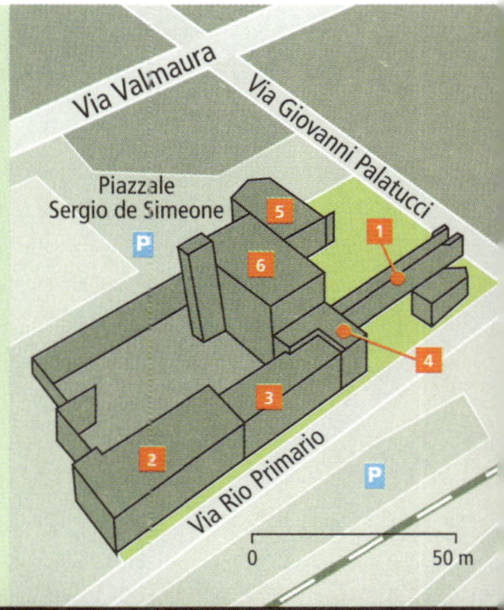

Cityplan Karte 2, E 7 | **Bus** 8, 10 und 52

11

Auf und ab – **Strada Napoleonica und Grotta Gigante**

Auf Triests karstigem Bergrücken können Sie auf der Strada Napoleonica mit weitem Meerblick wandern und in der größten Schauhöhle der Welt tief unter die Erde schauen. Obendrein locken dort rustikale Landgasthöfe, die ›osmize‹, mit viel deftigem Essen und noch mehr süffigem Wein.

Die Anstrengung lohnt sich: 500 Stufen führen in die feucht-faszinierende unterirdische Welt der Grotta Gigante und wieder hinauf ans Tageslicht.

Von der Piazza Oberdan mitten im Großstadtgetriebe geht's wahlweise mit Bus oder historischer Tram steil hinauf nach Villa Opicina, wo Sie an der Haltestelle **Obelisco** 1 aussteigen. Unweit des Obelisken, der 1830 zu Ehren von Franz Joseph I. und der im selben Jahre eingeweihten Straße von Triest nach Wien dort postiert wurde,

beginnt ein bequem begehbarer und auch als Joggingparcours beliebter Weg, der offiziell **Strada Vicentina** und im Volksmund **Napoleonica** 1 heißt. Der Legende nach befestigten nämlich erst die französischen Eroberer die Strecke, die Triestinern wie Touristen viel Grün beschert und rund ums Jahr große Wanderfreude macht.

Weite Aussichten

Sie wandeln bewacht und belüftet vom steil ansteigenden Felsenwald **Bosco Bertoloni** am ebenfalls baumbestandenen karstigen Abgrund über dem Golf von Triest und genießen dabei atemberaubende Aussichten auf die schöne blaue Adria. Gen Süden schweift der Blick über den Hafen hinweg bis an die istrische Küste, im Norden bis zum Schloss Miramare, an klaren Tagen erkennen Sie die Lagune von Grado direkt vis-à-vis. Sie schauen hinunter auf Triests Küstenquartier Barcola und den Faro della Vittoria (▶ S. 67), bis hohe nackte Felswände, die bei schönem Wetter mit Freeclimbern ›behängt‹ sind, nach einer knappen Wanderstunde die Ankunft in **Prosecco** ankündigen.

Grüß Gott auf halber Strecke

Dort startet an der Haltestelle **Borgo S. Nazario** 2 der Bus in die Unterwelt des Karst. Bei Interesse lohnt sich ein Zwischenstopp am **Santuario Monte Grisa** 3, mit dem der Bischof von Triest ein 1945 abgelegtes Gelübde einlöste. Er hatte die Anfang der 1960er-Jahre in brutalistischer Architektur erbaute Kirche der Madonna versprochen, wenn die Stadt im Zweiten Weltkrieg heil bliebe. Der vor Ort als *Il Formaggino* (›der kleine Käse‹) geschmähte Betonbau wurde zum Nationalmonument erhoben und als Zeichen für die Völkerverständigung zwischen Ost und West an die damalige jugoslawische Grenze gesetzt.

Tiefe Einsichten

An der **Grotta Gigante** 4 angekommen, führen 500 Stufen hinunter in die grandiose Tropfsteinhalle, die 107 m hoch, 167,60 m lang, 76,30 m breit, 11 °C kalt und 10 Millionen Jahre alt ist. Das seit 1995 als »größte Schauhöhle der Welt« im Guiness-Buch der Rekorde registrierte Naturwunder wurde 1840 zufällig entdeckt, als man

P
PROST!

Der weltweit beliebte und prickelnd belebende **Prosecco** wurde auf das gleichnamige Dorf bzw. eine hier angebaute Rebsorte getauft. Letztere, die auch unter Glera firmiert, wurde 1830 in die venezianischen Prosecco-Hochburgen Valdobbiadene und Conegliano exportiert und wird jüngst auch auf dem Karst wieder kultiviert.

einen unterirdischen Lauf des Flusses Timavo suchte, um die Wasserversorgung der in jenen Jahren rasant expandierenden österreichischen Hafenstadt zu garantieren.

Die Tropfsteinhöhle ist schon seit 1908 auf schmalen Stegen zu begehen. Ihre vom Wasser vielförmig modellierten und feierlich illuminierten feuchten Kalksteinskulpturen, im Wissenschaftsjargon Stalaktiten und Stalagmiten, erreichen mit der sogenannten **Colonna Ruggero** eine maximale Größe von 12 m. Sie werden in Zukunft wie schon in der Vergangenheit alle 15 bis 20 Jahre um etwa einen Millimeter nach oben bzw. unten wachsen und flößen wohl selbst profaneren Gemütern Ehrfurcht vor der Schöpfung ein.

INFOS/ÖFFNUNGSZEITEN

Santuario Monte Grisa 3: Loc. Contovello 455, www.montegrisa.org, tgl. 7.30–20 Uhr

Grotta Gigante 4: Borgo Grotta Gigante 42 a (Sgonico), www.grottagigante.it, April–Juni, Sept. Di–So 9–17 Uhr, Juli/Aug. tgl. 9–17 Uhr, Okt.–März Di–So 10–16 Uhr, 12 €

TRAM DI OPICINA

Die Standseilbahn **Tram di Opicina** verbindet Triests Piazza Oberdan seit 1902 mit Villa Opicina. Sie ruckelt und schuckelt bei herrlicher Aussicht auf den Golf von Triest den Berg hinauf und überwindet dabei 348 Höhenmeter bei einer Steigung von maximal 26 %, sodass es einen mitunter buchstäblich vom Hocker bzw. der Holzbank reißt. Wenn sie nicht gerade (wieder) wegen technischer Probleme still steht, unbedingt einsteigen: www.tramdeopcina.it, www.triestetrasporti.it/servizi-e-progetti/tram-di-opicina/, nach ›Linea 2‹ schauen. Ansonsten nimmt man den Bus 42.

KULINARISCHES FÜR ZWISCHENDRIN

Trattoria Sociale di Prosecco 1: Schmackhafte Hausmannskost fischiger oder fleischiger Art in unprätentiös sympathischer Atmosphäre (SP1 280, T 040 22 50 39, 8–22.30, Mi 8–15 Uhr)

Osmize: ► S. 70

Cityplan Karte 3, C/D 2/3 | **Bus** 42 oder Tram di Opicina

Märchenschloss am Meer – **Miramare**

12

Das Castello Miramare ragt auf einem Felsvorsprung schneeweiß ins blaue Meer und gibt eine gefällige Kulisse fürs Spazierengehen und Sonnenbaden ab. Es ist von einem herrlichen Park umgeben und eines der meist besuchten Museen an der Oberen Adria.

Das **Schloss von Grignano** 1 wurde zwischen 1856 und 1860 im Auftrag von Erzherzog Maximilian von Habsburg (1832–67), Bruder von Kaiser Franz-Joseph I. und seinerzeit in Triest stationierter Oberbefehlshaber der österreichischen Kriegsmarine, vom Wiener Architekten Carl Junker in einem architektonischen Stilmix aus Gotik, Neorenaissance und Barock erbaut. Seine Salons und Säle verteilen sich auf zwei Etagen, die um ein Mezzanin (Halbgeschoss) unter dem zinnen-

Was für ein Blick! Da darf man schon mal neidisch werden auf die einstigen Schlossbesitzer. Die hatten beim Bau von Schloss Miramare keine Kosten und Mühen gescheut.

gekrönten ›Flachdach‹ ergänzt sind. Im Erdgeschoss liegen die Privat- und Schlafgemächer des Bauherrn und seiner Ehefrau Charlotte von Belgien sowie eine opulent möblierte und mit botanischer und archäologischer Fachliteratur bestückte Bibliothek.

Schöner wohnen am Meer

Im Stockwerk darüber glänzen die mit künstlerisch hochkarätigen Gemälden dekorierten Repräsentationssäle. Diese Juwelen des Hauses, ganz besonders prächtig die **Sala del Trono,** bekamen erst nach Maximilians Tod den letzten Schliff. Die meisten der großen ›Ölschinken‹ im Schloss huldigen Mitgliedern des illustren Habsburgerclans. Sie zeigen z. B. ein zu Ehren der beiden ausgerichtetes nächtliches Fest in Venedig, auf Leinwand gebannt von Ipollito Caffi (1809–66), oder die von Cesare dell'Acqua (1821–1905), abgelichtete bzw. -gemalte Ankunft der legendären Sissi in Miramare im Jahre 1861.

Das Schloss schmückt sich außen mit einem entzückenden kleinen Hafen und grandiosen Grünanlagen, in denen sowohl Wald- und Wiesenflächen als auch akkurat bepflanzte Blumenbeete grünen und blühen und mehrere Skulpturen künstlerische Akzente setzen.

In seinem **Gartenschlösschen** 2 *(Castelletto),* jahrelang Sitz der **Riserva Naturale di Miramare** (www.riservamarinamiramare.it), zieht demnächst eine Ausstellung zur Meeresfauna der Adria ein. Die Meeresschützer residieren jetzt in den **Stallungen** 3 (Scuderie) und laden u. a. zu geführten Tauchgängen im seit 1986 naturgeschützten **Meer** 4 vor den Toren des Schlosses ein.

Schlossgeschichte(n)

Maximilian, der zwischenzeitlich als Gouverneur von Lombardisch-Venetien in Mailand gewohnt hatte, bezog Weihnachten 1860 sein Traumhaus am Meer, genoss den gehobenen Wohnkomfort freilich nur bis 1863, als ihn Napoleon III. zum Kaiser von Mexiko ernannte. Charlotte begleitete ihn, kehrte aber schon 1865 – inzwischen psychisch erkrankt – nach Miramare und 1866 in ihre belgische Heimat zurück.

Nachdem ihr Gatte 1867 in Mexiko von Revolutionären hingerichtet worden war, diente das

K
KOPIEN

Bei den **Skulpturen im Park** handelt es sich übrigens mehrheitlich um Kopien antiker Kunstwerke, die der Hausherr bei der Berliner Zinkgießerei Moritz Geiss in Auftrag gegeben hat. Deren gleichnamiger Gründer (1805–75) hatte sich mit täuschend echt anmutenden Plastiken aus Zinkguss einen Künstler- und Industriellennamen gemacht.

Schloss als Sommerfrische seiner habsburgischen Verwandschaft, darunter auch der schönen Sissi, die hier besonders oft und gern zu Gast war. Es gelangte nach dem Ersten Weltkrieg in den Besitz des Staates, war zeitweise Museum und von 1931 bis 1937 das neue Zuhause von Fliegergeneral und Kriegsheld Herzog Amedeo von Savoyen-Aosta (1898–1942) nebst Familie, die Mobiliar und Haustechnik auf den allerneuesten Stand brachten. Weil auch der neue Schlossherr fern der Heimat ums Leben kam – er erlag in einem alliierten Gefangenenlager in Nairobi der Tuberkolose und Malaria –, heißt es, dass ein Fluch auf dem märchenhaften Anwesen liege und seinen Bewohnern ein früher Tod in der Fremde beschieden sei.

Ein ganz anderer Fluch ereilte Miramare 1943, als hochrangige Nazis im Schloss einzogen, um dort ein Ausbildungszentrum für ihren Nachwuchs zu etablieren. Bei Kriegsende nahmen alliierte Truppen in dem prachtvollen Gemäuer Quartier. Schloss und Park gehören seit 1955 wieder Italien, sind ein bevorzugtes Ziel für den Sonntagsausflug der Triestiner und Ziel von Touristen aus aller Welt.

Im Schloss Miramare übernachtete einst auch Kaiserin Elisabeth von Österreich, besser bekannt als Sissi.

INFOS/ÖFFNUNGSZEITEN

Schloss Miramare 1: Grignano, Viale Miramare, www.castello-miramare.it, tgl. 9–19 Uhr, 12 €
Schlosspark: Jan./Feb. 8–16, März, Okt. 8–17, April/Mai, Sept. 8–18, Juni–Aug 8–19, Nov./Dez. 8–15 Uhr, Eintritt frei

KULINARISCHES FÜR ZWISCHENDRIN

Le Terrazze 1 heißt das Hausrestaurant des reizenden Hotels **Riviera & Maximilian's** 1 (DZ ab 120 €, www.rivieramax.eu), das eine tolle Aussicht auf Schloss und Meer und Fisch, Fleisch und Veganes auf der Karte hat. Das Hotel ist eine schöne Alternative zum Übernachten in der vergleichsweise lauten Stadt (Strada Costiera 22, T 040 224 70 33, www.terrazze.eu, tgl. 12.30–14.30, 19.30–22.30 Uhr, Menü um 60 €).
Tavernetta al Molo 2: Fangfrische Fischspezialitäten werden hier am kleinen Hafen von Grignano serviert (Riva Massimiliano e Carlotta 11, T 040 22 42 75, mittags u. abends, Menü um 50 €).

Cityplan Karte 3, B/C 2/3 | Buslinien 6, 36

13

Fremde Strandwelten – **(Sonnen-)Baden in und um Triest**

Die Triestini liegen leidenschaftlich gern und so oft es geht am Meer und in der Sonne. Kein Wunder, dass sie quasi rund ums Jahr auffällig gut gebräunt sind. Ihre Badewanne und ihr Solarium sind die Strandbäder mitten in der Stadt und die gesamte Küste zwischen Duino und Muggia. Mit Bus und Schiff sind die Badehochburgen im Nu erreicht.

Die Jungs nehmen Aufstellung zur ›clanfa‹, wie ein kühner Kopfsprung in die Adriafluten im Lokalsprech heißt. In dieser Disziplin finden sogar Wettbewerbe statt.

Wenn die Triestiner *andar al bagno* sagen, meinen sie damit ›ans Meer gehen‹ und nicht wie ihre Landsleute anderswo in Italien den Gang ins Badezimmer oder auf die Toilette. Besondere Sprachregelung, besondere Badebedingungen: An ihrer wunderschönen Steilküste sind weit-

läufige Strände und seichte Gestade eher die Ausnahme, schroff abfallende Ufer und schwer zugängliche Felsenbuchten die Regel. Wo natürliche Strände gänzlich fehlen, säumen Plattformen aus Beton die Adria. Wenn selbst für die kein Platz mehr ist, breitet man sein Handtuch einfach auf den gemauerten Uferpromenaden aus. Das geschieht im gegenseitigen Respekt von Sonnenanbetern und vollständig bekleideten Flaneuren. Selbst im Hochsommer bleibt noch der Platz für temporär postierte Kioske oder Eis- und Getränkewagen frei.

Pralles Leben in der Sonne

Eine solche Szenerie bietet sich etwa in **Barcola,** wo man unter der Obhut des nationalmonumentalen **Faro della Vittoria** ❶ in der Sonne chillt oder in die Fluten steigt. Am **Lungomare Benedetto Croce** ❷ säumt ein schattenspendender Pinienwald die im Sommer dicht belegte und fröhlich belebte Promenade, von der Treppen und Rampen ins Meer führen. Ein paar Meter weiter gelangt man am **Squero** ❸ ausnahmsweise *direttamente* ins Wasser.

Hinter diesem Miniaturstrand, neben dem auf einem Felsbrocken eine im Stil von Kopenhagens Meerjungfrau modellierte **Nixe** *(Mula di Trieste)* betört, folgt ein Charakteristikum Triestiner Badekultur. Die Rede ist von erhabenen halbrunden Plattformen für Handtuch und Liege, unter denen Toiletten und Umkleidekabinen bereit stehen. Weil immer zwei dieser Terrassen zusammen angeordnet sind und von oben betrachtet den Ohren einer Maus gleichen, heißt dieser Abschnitt der Bademeile **Bagno ai Topolini** ❹ (›Mäuschen‹). Betonplattformen unterschiedlicher Breite und Länge pflastern die Adriaufer von Barcola bis Miramare und flankieren einen herrlichen *lungomare* mit Blick auf das gleichnamige schneeweiße Habsburger-Schloss (► S. 63).

Wahrzeichen: Der Faro della Vittoria ist ein italienisches Nationaldenkmal und eines der Wahrzeichen der Stadt. Er wurde zur Sicherheit des Schiffsverkehrs und zur Ehre der im Ersten Weltkrieg gefallenen Seeleute errichtet, ging 1918 in Bau und 1927 in Betrieb. Die Spitze des ›Siegesleuchtturms‹ in 68 m Höhe krönt die geflügelte Siegesgöttin. Auch die unteren Etagen sind mit allegorischen Figuren dekoriert.

Wildromantisch oder schick gestylt

Diejenigen, die es intimer und naturbelassener mögen und den beschwerlichen Abstieg über holprige Pfade nicht scheuen, pilgern zu den steinigen Gestaden von **Aurisina,** wo man dichtes grünes Buschwerk im Rücken und die schöne blaue Adria vor Augen hat. Die Strände dort hei-

Wer schafft die eleganteste ›bomba americana‹? Im Bagno Ausonia kommt es nicht zuletzt auf eine ›bella figura‹ an.

ßen z. B. **Liburnia** 5, **Due Sorelle** 6 und **Costa dei Barbari** 7 und sind in der Szene Kult, weil sich hier Nudisten, (Alt-)Hippies und Homosexuelle ein Stelldichein geben.

Gleich nebenan entführt der exklusive **Beach Club von Portopiccolo** 8, in dem man sich nicht auf grobe Kiesel, sondern auf edles Teak bettet, in eine ganz andere Badewelt. Das nagelneue Luxusresort grenzt direkt an die **Baia di Sistiana** 9, wo relativ große, feinkieselige Strände unbeschwerte (Sonnen-)Badefreuden garantieren. Die locken auch im netten kleinen **Bagno Dama Bianca** 10 hinter dem kleinen Hafen zu Füßen von Schloss Duino.

Manche Triestiner baden auch an den insgesamt etwas weniger attraktiven Gestaden zwischen Triest und Muggia oder gleich hinter der kleinen Hafenstadt direkt an der slowenischen Grenze.

Frauen und Männer unter sich

Während man an den Stränden von Aurisina alle Hüllen fallen lassen kann, dürfen sich Männer und Frauen im **Bagno Alla Lanterna** 11 nicht einmal angezogen begegnen. Das Stadtbad mit k. u. k.-Vergangenheit unter dem alten Leuchtturm am Ende von **Triests** innerstädtischer Uferpromenade existiert bereits seit 1903 und punktet mit einem rückenfreundlichen feinkieseligen Strand. Weil die Soldaten der habsburgischen Armee sich hier einst von den kleinen Parasiten reingewaschen haben (sollen), ist das Kultbad auch unter ›El Pedocin‹ (Die Laus) bekannt. Dass Damen und Herren dort wie anno dazumal getrennt von einer Mauer schwitzen und schwimmen, ist per Umfrage erklärter Volkswille. Die Frauen schätzen das (Sonnen-)Bad ohne taxierende Blicke der Männer und die wiederum einen Strandtag ohne Kind und Kegel, weil Jungs unter 12 Jahren mit Mama baden gehen (dürfen).

Mit Rundumservice und Küstenpanorama

Ums Sehen und gesehen werden geht's dagegen im **Bagno Ausonia** 12 direkt nebenan. Das auf 2000 Wasserratten und Sonnenanbeter angelegte Spaßbad mit mehreren Terrassen und Seebrücken, Bar- und Restaurantbetrieb sowie abendlichem Kultur- und Tanzprogramm hat ebenfalls Patina und war bei seiner Eröffnung in den 1930er-Jahren das Nonplusultra in Sachen badetouristischer Infrastruktur. Es wurde inzwischen mehrfach renoviert und erfreut sich bis heute großer Beliebtheit bei Jung und Alt, zumal sich vergnügungshungrige Jugendliche und ruhebedürftige ältere Semester in der architektonisch verschachtelten Anlage gut aus dem Wege gehen können. Grund genug für den Besuch ist das von hier gebotene Küsten- und Stadtpanorama, das vom neuen über den alten Hafen und den Faro della Vittoria bis hin zum Schloss Miramare reicht.

INFOS/ÖFFNUNGSZEITEN

Faro della Vittoria (1): Strada del Friuli 114, T 0481 916 97, www.farodellavittoria.it, Kernzeiten: April–Okt. Sa, So 10–13, 15–18, Fr 15–19, Juli/Aug. Mi–So 10–13, 16–19 Uhr, Eintritt frei
Bagno Alla Lanterna (11): Molo Fratelli Bandiera, Mitte–Ende Mai/Mitte–Ende Sept. 8–18.30 Uhr, Juni–Mitte Sept. 7.30–19.30 Uhr, Eintritt 1 €
Bagno Ausonia (12): Riva Traiana 1, Mitte Mai–Mitte Sept 8.30–19.30, Mitte-Ende Sept. 9–18, je nach Dauer des Aufenthalts 4,50–6 €, www.ausonia.trieste.it

KULINARISCHES FÜR ZWISCHENDRIN

Abgesehen von Strandbuden und -bars für den kleinen Hunger locken an der landschaftlich attraktiven Küste zwischen Triest und Duino mehrere kulinarisch überzeugende Restaurants. Diejenigen rund um Miramare und Duino sind andernorts genannt (► S. 65, S. 76), sodass hier allein die **Trattoria al Faro** (1) hinzugefügt sei, wo man zu Füßen des Faro della Vittoria und mit Blick auf die Adria herrliche Fischgerichte schnabuliert (Scala Giuseppe Sforzi 2/Strada del Friuli, T 040 41 00 92, www.trattoriaalfaro.it, Mi–Mo 11–15, 18.30–23.30 Uhr, Menü um 50 €).

Cityplan 3, A 1–C 4 | **Bus** 6, 36, 44 (Duino) | Schiffsverbindungen (im Sommer): ► S. 112)

#14

Weinschenken und Winzer – **Osmize auf dem Karst**

Wer die Krimis von Veit Heinichen gelesen und Commissario Laurenti in Gedanken in sein Lieblingslokal Gran Malabar an Triests Piazza San Giovanni begleitet hat, weiß, dass dort fast alle guten Tropfen vom Karst im Ausschank sind. Man kann sie aber auch direkt bei den Winzern kosten. Die meisten öffnen saisonal ihre Osmize, in denen reichlich Wein ins Glas und deftiges Essen auf den Teller kommt. Bei schönem Wetter speist und schlürft man in Hof und Garten und manchmal sogar mit Blick aufs Meer.

Hoch die Tassen! Bei schönem Wetter zieht es die Triestini zum (Wein-) Schlürfen und Essen auf den Karst.

Der Karst ist ein kalksteiniges Hochplateau, das von den Italienern *carso* und seinen slowenischen Ureinwohnern *kras* genannt wird. Er erhebt sich

direkt an der slowenischen Grenze über die Adriaufer zwischen Muggia und Duino-Aurisina, ist von mehreren urzeitlichen Grotten unterhöhlt und an seiner Küstenkante von Wanderwegen mit Meeresblick gesäumt. Die Menschen auf dem Karst betreiben Landwirtschaft, Viehzucht und Weinbau, züchten und verwursten glückliche Schweine und verwandeln Kuh-, Schafs- und Ziegenmilch in die Käsesorten *Tabor*, *Mlet* und *Jamar*.

Wein, Wurst und Gesang

Die nicht zuletzt dank Commissario Laurentis erlesenem Weingeschmack auch international bekannten und erfolgreichen Winzer der Gegend heißen Edi Kante, Boris und Sandi Skerk und Benjamin Zidarich. Wie fast alle Menschen hier oben, die Italienisch als erste Fremdsprache erlernen, gehören sie der slowenischen Minderheit an. Sie residieren allesamt im kleinen Weiler **Prepotto** 1, einem verschlafenen Nest, das architektonisch eher unscheinbar, dafür aber mit einer herrlichen Aussicht auf die Adria gesegnet ist.

Den schönen Meeresblick genießt man z. B. in der Osmiza der Familie **Zidarich** 1, die als Unterlage für ausgelassene Trinkgelage aromatischen Speck und Käse, Soleier oder in Öl eingelegtes Gemüse serviert und mit ihrer Terrano-Limonade Limovino sogar Alkoholfreies vom eigenen Grund und Boden in petto hat. Einen Katzensprung entfernt kredenzen die **Skerks** 2 ihre guten Weine, zu denen sie Fleisch, Wurst und Schinken aus dem eigenen Stall und selbst gemachten Käse aus den Karstgrotten des gleichnamigen Cousins reichen.

Leider haben die rustikal-sympathischen Lokale, von denen es auf dem Triestiner Karst Dutzende gibt, nur eingeschränkte Öffnungszeiten. Immerhin erfrischen sie Leib und Seele inzwischen weit mehr als die früher üblichen acht Tage im Jahr, sodass man von Mai bis zur Weinlese im September zumindest am Wochenende eigentlich immer ein passendes Lokal findet. Weil es früher auf Anordnung von Kaiser Joseph II. einmal so war, werden die bei den trink- und feierfreudigen Triestinern überaus beliebten rustikalen Weinschenken nach dem slowenischen Wort für 8 *(osmica)* bis heute *osmize (osmizze)* genannt.

▶ INFOS & TERMINE

Wie der Buschenschank oder die Straußenwirtschaft in deutschsprachigen Weinlanden signalisieren die Osmize ihre Öffnungszeiten analog mit einem Zweig an der Tür oder digital. Ein Klick auf **www.osmize.com** liefert Ihnen ein Kurzporträt aller Osmize nebst Kontaktdaten und täglich aktualisierten Trinkterminen.

Hiergeblieben!

Einige Winzer betreiben auch **Agriturismi,** wo Sie dem Wein rund ums Jahr zusprechen, dazu lecker lokaltypisch essen und danach gleich ins Bett sinken können. Bei **Lupinc** ④ in Prepotto isst man unter schattigen Bäumen leckere Pasta, Grillspezialitäten und Gemüse aus dem eigenen Garten und trinkt dazu vorzugsweise Terrano, dem hier ein besonders guter Ruf vorauseilt.

Die sympathische Familie Skelj führt den **Agriturismo Bajta** ⑤ auf halber Strecke zwischen **Sgonico** 2 und **Sales** 3 samt **Hofladen,** in dem schmackhafte Fleisch- und Wurstspezialitäten aus der eigenen Schweine- und Rinderzucht in der Vitrine liegen und herrliche Weine mit dem Etikett Bajta im Regal stehen. Sie lockt am Wochenendende in ein deftig-delikat bekochtes Restaurant und geleitet Gäste auf freundliche Nachfrage auch in ihre grottentiefen Weinkeller. Dort lagern Vitovska, Malvasia und Terrano, die es durchaus mit den Produkten der Starwinzer aus Prepotto aufnehmen können.

INFOS/ÖFFNUNGSZEITEN/
KULINARISCHES

Die Weingüter von **Benjamin Zidarich** ① (www.skerk.com), **Boris und Sandi Skerk** ② (www.zidarich.it) und **Edi Kante** ③ (www.kante.it) sowie der **Agriturismo Lupinc** ④ (www.lupinc.it) haben die Adressen Prepotto 20, 23, 1 A und 11 B. Die Anschrift des **Agriturismo Bajta** ⑤ lautet Sales 108, Sgonico, www.bajta.it. Sowohl bei Bajta als auch bei Lupinc gibt's B & B für 30–50 € pro Nacht und Nase, bei Bajta ganzjährig, bei Lupinc nur von Mai–Okt. Bei Lupinc wird von Mai–Okt. von Fr–So, bei Bajta ganzjährig von Do–So mittags und abends gekocht. Der **Hofladen** ist tgl. von 9–13 und 16–19 Uhr auf.

Cityplan Karte 3, B/C 1/2 | **Bus** 43, 44, Flughafenbus 51 (Gesellschaft APT)

›Käse schließt den Magen‹ heißt es. Das eine oder andere Gläschen Vitovska oder Terrano findet aber auch immer noch irgendwie Platz.

Degustieren, bitte: Vitovska, Malvasia und Terrano

Der Karstboden ist kalksteinig und eisenhaltig, bisweilen rot eingefärbt und regelmäßig von der kalten Brise der Bora bestürmt. Er ist nicht gerade einfach zu bewirtschaften und auch kein besonders ergiebiges Terrain. Dennoch trotzen ihm die Winzer von der önologischen Fachwelt hochgelobte und von Gourmets heißgeliebte Weiß- und Rotweine ab. Die heißen Vitovska, Malvasia und Terrano und sind aufgrund der schwierigen Anbaubedingungen und kleinen Produktionsmengen nicht ganz billig, sodass mit Flaschenpreisen zwischen 10 und 30 € zu rechnen ist.

Die **Vitovska-Rebe** ist autochthon und gedeiht exklusiv auf diesen windgeschüttelten Höhen. Sie ergibt einen leichten Weißen mit feinem Mandelaroma, der hervorragend mit Fisch, Muscheln und Krustentieren harmoniert, aber auch pur genossen eine Freude ist. **Malvasia** ist eine auch anderswo in südeuropäischen Landen kultivierte Traube und kommt auf dem Karst gut, strohgelb und fruchtig. Ihr ebenfalls wohlschmeckender Saft gehört ebenso wie der rubinrote Terrano bei allen Winzern zum klassischen Repertoire.

Der **Terrano** wird aus einer Verwandten der Refosco-Traube gekeltert, hat einen etwas erdigen Geschmack mit einem Hauch von Waldfrüchten, passt gut zu deftigen Fleischgerichten und Gemüseeintöpfen wie der slowenischen Jota, die in den Karstdörfern zum kulinarischen Standard gehört. Schließlich erinnert man sich auf dem Triestiner Karst jüngst wieder der **Glera-Traube,** die vor gut 200 Jahren vom Dörfchen Prosecco ins Veneto ›ausgewandert‹ und in ihrer Heimat in Vergessenheit geraten war, um im Exil Karriere zu machen und heute als Prosecco (▶ S. 61) aus Valdobbiadene weltweit in aller Munde zu sein.

15

Sommerfrische der Hautevolee – **Duino und Sistiana**

In den Salons von Schloss Duino übten sich gekrönte Häupter, Wissenschaftler und Künstler in gepflegter und geistreicher Konversation. Auf der Gästeliste standen Kaiser Franz Joseph I. und seine Sissi, Franz Liszt und Rainer Maria Rilke, der sich in der Bucht von Sistiana zu seinen verzweifelt-fatalistischen »Duineser Elegien« inspirieren ließ. Dabei animiert der heute auf den Dichter getaufte Weg über Italiens höchste Steilküstenkante weniger zum Klagen denn zum Frohlocken über die tolle Aussicht auf die Adria.

Schöner kann man nicht wohnen. Die Schlossherren von Duino waren gnädig und teilten ihr Glück von jeher mit einer illustren Gästeschar.

Das kompakte **Castello di Duino** 1 thront hoch über der Adria auf dem nördlichsten Felssporn des Triestiner Karsts. Es ersetzte im 14. Jh. eine auf dem Nachbarfelsen als Ruine erhalten ge-

bliebene Burg, steht auf römischen Ruinen und wurde im 16. Jh. um einen Turm ergänzt. Den Schlossherren von Duino und Walsee folgten im 17. Jh. die Grafen Torre-Hofer Valsassina, unter denen das landschaftlich gut situierte Anwesen zum Hort von Wissenschaft und Kunst erblühte.

Europäischer Salon

Seit dem ausgehenden 19. Jh. umgaben sich Theresa Thurn-Hofer Valsassina und ihre Tochter Marie, die 1875 einen Spross der berühmten Postgründerdynastie Thurn und Taxis geheiratet hatte, regelmäßig mit Vertretern des europäischen Hochadels, namhaften Wissenschaftlern, Musikern und Literaten. Die Mutter empfing u. a. Franz Liszt und Johann Strauss, die Tochter den Habsburger-Clan, Mark Twain, Victor Hugo oder Rainer Maria Rilke (1875–1926). Zu dem österreichischen Dichter, der hier von Oktober 1911 bis Mai 1912 zu Gast war und die ersten beiden von insgesamt zwölf »Duineser Elegien« (1922) verfasste, pflegte die gebildete Dame eine besonders innige Beziehung und eine jahrelange rege (Brief-)Freundschaft.

Ihr Sohn Alexander (1881–1937) übernahm 1923 die italienische Staatsbürgerschaft, nannte sich fortan Della Torre e Tasso und bekam von König Vittorio Emanuele III. den Fürstentitel *(Duca)* verliehen. Nachdem das Schloss von 1943 bis 1945 von Deutschen besetzt und 1947 bis 1954 von Triests internationaler Schutzmacht beansprucht worden war, trat sein Sohn Raimondo della Torre e Tasso (1907–85) in die kosmopolitisch-kulturellen Fußstapfen der Großmutter und lud ebenfalls zeitgenössische VIPs nach Duino ein.

Drinnen und draußen bezaubernd

Der aktuelle Schlossherr heißt Carlo Alessandro della Torre e Tasso (geb. 1952) und hat das nach wie vor von seiner Familie bewohnte und bewirtschaftete Schloss im Jahre 2017 an eine luxemburgische Gesellschaft verkauft, wobei Schloss und Parkanlagen für staunende Touristen offen bleiben. Im Inneren imponieren 18 mit hochkarätigen Gemälden und Skulpuren dekorierte Salons und Schlafgemächer, in denen Briefe, Fotos und andere Erinnerungstücke, darunter

Ü ÜBRIGENS

Weniger ergötzlich ist der ebenfalls zum Museum umgewidmete **Bunker** auf dem Schlossgelände, der 1943 im Auftrag der Nazis von Zwangsarbeitern in die Felsen unter dem Schloss getrieben wurde. Er diente zunächst der deutschen »Kleinkampfmittelflotte 411« und später als Treibstofflager der englischen Armee.

ein Piano von Franz Liszt, das Leben der historischen Hausherren und ihrer illustren Gäste Revue passieren lassen, eine Sammlung historischer Musikinstrumente und eine kleine Hauskapelle fürs stille Gebet. Draußen entzückt so manches romantische Terrassenplätzchen mit faszinierndem Blick aufs Meer. Zwischen wild wuchernder mediterraner Vegetation und akribisch bepflanzten Blumenbeeten überraschen Brunnen, Statuen und Skulpturen.

INFOS/ÖFFNUNGSZEITEN

Castello di Duino 1: www.castelloduino.it, Mi–Mo Mitte–Ende März, Mitte–Ende Okt. 9.30–16, April–Sept. Mi–Mo 9.30–17.30, Anfang–Mitte Okt. 9.30–17 Uhr, 8 €
Portopiccolo 3: www.portopiccolosistiana.it

KULINARISCHES FÜR ZWISCHENDRIN

Schon allein die beiden schönen Restaurants am Hafen sind einen Ausflug nach oder einen längeren Aufenthalt in **Duino** wert. Die **Locanda al Cavalluccio** 1 serviert unter einer schattigen Pergola die Offenbarungen der lokalen maritimen Küche, z. B. Spaghetti mit Meeresfrüchten oder im Salzteig gegarte große Fische wie Branzino (Seebarsch) oder Rombo (Steinbutt) (Via Duino 61 D, T 040 20 81 33, www.alcavalluccio.net, Mi–Mo mittags u. abends, Menü um 50 €, DZ ab 60 €). Direkt nebenan lockt in noch besserer Adrialage und kombiniert mit Badestrand und Bar das weiß-blaue **Alla Dama Bianca** 2, auf dessen Terrassen man einen kühlen Drink genießen oder sich an einer raffinierten Meeresküche laben kann (Via Duino 61 A, T 040 20 81 37, www.alladamabianca.com, Do–Di 11–24 Uhr, Menü um 60 €, DZ ab 120 €).
Beide vermieten – ebenso wie die retro-charmante **Villa Gruber** 1, mit Garten und wiederum direkt um die Ecke – schön-schlichte Zimmer (Via Duino 61 F, T 040 20 81 15, www.villagruber.com, DZ ab 120 €).
In der Baia di Sistiana empfiehlt sich die Meeresterrasse des **Aquapazza** 3, wo mittags und abends große und kleine Fische auf den Tisch kommen (Parco Caravella, T 339 405 37 33 bzw. 349 087 87 02.

Cityplan Karte 3, A 1 | **Bus** 44 oder E 51 nach Duino

Was man aus einem ausgedienten Steinbruch so alles machen kann: zum Beispiel das nagelneue Luxusresort Portopiccolo bei Sistiana. Den Triestiner Hipstern gefällt's, vor allem im Sommer heißt es hier ›sehen und gesehen werden‹.

Auf poetischen Pfaden

Der knapp 2 km lange **Sentiero di Rilke** 1 (›Rilke-Weg‹) beginnt am Parkplatz vor dem Schloss Duino und endet vor der Tür des Touristenbüros oberhalb der Baia di Sistiana. Er führt durch einen Pinienwald an die Küstenkante, deren weiße Klippen hier dramatische 80 m tief ins Meer stürzen. Damit krönt der Dichterpfad den höchsten Steilküstenstreifen des Belpaese, der wegen seiner bizarren Felsformationen und artenreichen mediterranen Flora und Fauna als **Riserva Naturale Regionale Falesie di Duino** 2 deklariert ist. Unterwegs eröffnen vier zu ›Panoramaterrassen‹ *(Belvedere)* befriedete ehemalige Gefechtsstellungen der deutschen Wehrmacht wunderbare Aussichten aufs Meer, das Castello di Duino und die **Baia di Sistiana** 2, die mit Hafen, Bars und Restaurants erschlossen und von mehreren feinkieseligen Badestränden gesäumt ist.

Schöne neue Urlaubswelt

Gleich nebenan begeistert und befremdet jüngst **Portopiccolo** 3, das derzeit als adriatisches Portofino oder Klein-Monaco gehypt wird. Der edeltouristische Retortenort wurde in einen ausgedienten Steinbruch direkt ans Meeresufer gesetzt und wird wegen seiner nachhaltigen Bauweise und klugen Energietechnik als ökologisch zukunftsweisendes Vorzeigeprojekt gefeiert. Portopiccolo integriert mehrere Hundert Luxuswohnungen und ein Fünf-Sterne-Hotel, lockt mit exklusiv möblierten Strandbädern, einer hoch gelobten Wellnessoase und etlichen schicken Läden und Lokalen. Kurzum: Es besticht mit stilvollem Luxus und toller Lage, wirkt aber gleichwohl irgendwie seelenlos und artifiziell.

EINTRITTSKARTEN *in eine andere Welt …*

Triests Museumslandschaft treibt vornehmlich historische und naturwissenschaftliche Blüten, hier meine Auswahl.

UND JETZT ENTSCHEIDEN SIE!

Civico Museo Sartorio
Di–Do 10–13, Fr–Sa 16–19, So 10–19 Uhr, Eintritt frei

In der noblen Villa der Familie Sartorio überrascht Spektakuläres wie Altarbilder der Venezianer Paolo Veneziani, Alvise Vivarini und Tiepolo sowie Skulpturen von Antonio Canova.
🕮 E 7, Largo Papa Giovanni XXIII 1, www.museosartoriotrieste.it

○ JA ○ NEIN

Civico Museo Morpurgo
Di 9–13 Uhr, Eintritt frei

Die Stadtvilla der jüdischen Kaufmannsfamilie Morpurgo besticht durch wertvolles Mobiliar und Inventar, edles Glas und Porzellan und Gemälde italienischer, französischer und deutscher Maler des 18. und 19. Jh.
🕮 K 5, Via Imbriani 5, www.museomorpurgo.it

○ JA ○ NEIN

Civico Museo d'Arte Orientale
Di–Do 10–13, Fr, Sa 16–19, So 10–19 Uhr, Eintritt frei

Das Museum in einem ansehnlichen Palazzo aus dem 19. Jh. beleuchtet die Beziehung Triests zum Orient und zeigt Objekte chinesischer und japanischer Kunst.
🕮 F 6, Via San Sebastiano 1, www.museoarteorientaletrieste.it

○ JA ○ NEIN

Civico Museo di Storia Patria
Di 9–13 Uhr, Eintritt frei

Der Exponatenmix entführt in Triests vornehme Alltagskultur im 19. Jh., zeigt Fest- und Alltagskleidung wie z. B. Kreationen der lokalen Designerin Anita Pittoni (1901–82) und die Kunstkollektion von Socrate Stavropulos.
🕮 K 5, V. Imbrani 5, www.museostoriapatria.it

○ JA ○ NEIN

Museo del Risorgimento e Sacrario Oberdan

Di nach Vereinbarung unter T 040 675 46 99, Eintritt frei

JA NEIN

Bilder, Uniformen und Orden preisen die italienische Einigung und die Irredentisten, u. a. Guglielmo Oberdan, der 1882 wegen eines Attentatversuchs auf den Kaiser gehenkt wurde.

K 2/3, Via XXIV Maggio 4 (Piazza Oberdan), www.museodelrisorgimentotrieste.it

Museo Civico di Storia Naturale

Mo, Mi, Do, Fr 10–17, Sa, So 10–19 Uhr, 3 €

JA NEIN

Man sieht Pflanzen und (Meeres-) Tiere und versteht geologische und paläontologische Phänomene. Imposant ist das Dinosaurierskelett, das 75 Mill. Jahre alt ist.

Karte 2, F 4/5, Via dei Tominz 4, www.museostorianaturaletrieste.it

Museo della Bora

Auf Anfrage, T 040 30 74 78, Eintritt frei

JA NEIN

Das kuriose ›Museo in Progress‹ sammelt alles rund um den kalten Nordwind, z. B. Bücher und Bilder, wissenschaftliche Instrumente, Gedichte und Gemälde oder Triests berühmte *corde della bora* zum Festhalten.

D 8, Via Belpoggio 9, www.museobora.org

Museo Nazionale dell'Antartide

Di–Fr 9–13, Sa 10–14 Uhr, 6 €

JA NEIN

Das multimediale und interaktive Museum befasst sich mit Geschichte und Gegenwart der internationalen und italienischen Antarktisforschung, um die sich Triest bis heute verdient macht.

Karte 2, G 1, Via E. Weiss 21, www.mna.it

Kleine Berlin

Letzter Freitag im Monat 20 Uhr, Eintritt 3 €

JA NEIN

In dem von Nazis für Nazis angelegten Luftschutztunnel ist alles im Original erhalten. Zwei Ausstellungen zeigen Triests Bombardierung und die militärische Nutzung von Karstgrotten.

K 2, Treffpunkt vis-à-vis Via F. Severo 11, www.cat.ts.it

Triestiner Museumslandschaft

Triests Museen widmen sich den alten Römern, der jüdischen und istrisch-dalmatinischen Community. Sie würdigen die lokale Literatur- und Theatertradition, Naturwissenschaft und Technik, den Wind und das Meer, dem man alles zu verdanken und schon ein neues **Museo del Mare** im Zukunftsquartier Porto Vecchio versprochen hat. Gerade weil Triest nicht als Mekka der Kunst gilt, ist das einzige in diesem Metier konkurrenzfähige das renommierteste Museum am Platz: Das **Civico Museo Revoltella. Galleria d'Arte Moderna** (🕮 E 7, Via Diaz 27, www.museorevoltella.it, Mi–Mo 10–19 Uhr, 7 €) ist die schönste Blüte in der Museumslandschaft der Stadt, die in besonderem Maße unter den beiden Weltkriegen gelitten und dieses Trauma in mehreren spannenden Dauerausstellungen aufgearbeitet hat. Die vom Bankier und Unternehmer Pasquale Revoltella (1797–1869) begründete und kontinuierlich erweiterte Kollektion hochkarätiger Gemälde des 19. und 20. Jh. glänzt mit Originalen von De Nittis, Nono, De Chirico, Morandi oder Zorn und belegt die an sich schon imposante Villa des generösen Mäzens sowie die von Stararchitekt Carlo Scarpa postmodernisierten historischen *palazzi* Brunner und Basevi gleich nebenan.

INFORMATIONEN

Die Website **www.triestecultura.it** liefert ein Kurzporträt aller Museen und listet alle aktuellen Sonderausstellungen der Stadt auf.
Eintrittspreise/Öffnungszeiten: Die meisten städtischen Museen sind gratis oder haben zivile Preise, für das Museo della Guerra per la Pace (► S. 52, 6 €) und das Civico Museo di Storia Naturale (► S. 79, 3 €) gibt es ein *biglietto cumultativo* für 7 €. Am ersten Sonntag im Monat sind alle Häuser, die das Wörtchen *civico* im Namen führen, frei. Besucher unter 18 Jahren zahlen nichts, 18- bis 25-Jährige u. U. weniger. Bleibt man länger als einen Tag, lohnt sich die **FVG-Card** (► S. 111). Weniger erfreulich sind die im Einzelfall extrem eingeschränkten Öffnungszeiten. Manche Häuser sind nur an einem Tag in der Woche oder auf Anfrage zu besichtigen.

Im Museo Revoltella, einst als Domizil für den gleichnamigen Bankier erbaut, vereinen sich erlesene Wohnkultur und zeitgenössische Kunst.

›Verrückte‹ Geschichte(n)

Das ehemalige **Ospedale Psichiatrico di San Giovanni,** in dem in den 1970er-Jahren unter internationaler Beachtung die italienische und europäische Psychiatrie revolutioniert wurde, firmiert im Volksmund unter ›Ex-Opp‹ und offiziell unter **Parco di San Giovanni.** Manche der Krankenhausbauten sind noch im Verfall, andere inzwischen von kulturellen Kooperativen, Werkstätten, Studios, Museen und Universitätsinstituten besiedelt. Das vielerorts noch verwilderte Parkgelände wird peu à peu kultiviert, ist hier mit Gemüse bebaut und dort zum **Roseto di San Giovanni** erblüht.

Das blaue Pferd der demokratischen Psychiatrie

Parco di San Giovanni

Karte 2, F/G 1/2

Die 1908 eröffnete Klinik bestand aus 40 Gebäudeeinheiten unterschiedlicher Größe, die sich auf ein parkartiges Gelände von 22 ha verteil(t)en. In dem *manicomio* (Irrenhaus) am Rande der Stadt wurden die Patienten zu jener Zeit und eigentlich noch bis in die 1960er-Jahre hinein eher als Monster denn als Menschen betrachtet, von der vermeintlich gesunden Gesellschaft isoliert und mit recht rüden Methoden therapiert.

Das änderte sich, als dort im Jahre 1971 **Franco Basaglia** (1924–80) den Dienst antrat. Der Psychiater war inspiriert von der englischen Antipsychiatriebewegung der 1950er-Jahre und der Überzeugung, dass nicht genetische Defekte, sondern die gesellschaftlichen Bedingungen die Ursache für psychische Erkrankungen seien. Er hatte schon in den 1960er-Jahren in der ›roten‹ Emilia-Romagna alternative Behandlungsformen erprobt, z. B. auf Elektroschocks und das Festbinden der Patienten in ihren Betten verzichtet und die Dosis von Medikamenten zugunsten therapeutischer Gespräche reduziert.

In Triest führte er Mal- und Theaterworkshops ein und ließ seine Patienten gemeinsam mit dem Theaterregisseur Giuliano Scabia ein überdimensionales blaues Pferd aus Pappmaschee bauen. Die ›Bildhauer‹ tauften die Skulptur auf das für den Wäschetransport eingesetzte

LITERATURTIPP

Mauro Covacich (geb. 1965) ist einer der angesagten Triestiner Gegenwartsautoren und hat ein launiges Buch über die Eigenheiten seiner Heimatstadt und die Marotten ihrer Bewohner geschrieben, in dem nahezu alle Aspekte des städtischen Lebens zur Sprache kommen. Er führt z. B. mit Rückblenden auf die Geschichte des ›verrückten‹ Ortes durch den **Parco di San Giovanni,** beschreibt die besondere Atmosphäre des von ihm ›Little Istria‹ getauften Quartiers **Chiarbola** (► S. 83) und besucht auch die **Foiba di Basovizza** (► S. 83), deren grüne Umgebung sich nach dem Fall des Eisernen Vorhangs in einen beliebten Joggingparcours verwandelt hat. Das Buch heißt im Original »Trieste sottosopra« und wurde unter dem Titel »Triest verkehrt« 2012 ins Deutsche übersetzt (Wagenbach Verlag).

H
HUNGER?

Im freundlichen Café-Restaurant **Il Posto delle Fragole** (Via de Pastrovic 4, T 040 57 87 77, www.ilpostodellefragole.eu, Mo 8–20, Di–Fr 8–22, Sa 9–14, 18–22, So 10–15 Uhr) können Sie über die spannende Geschichte des Ortes sinnieren, die mir übrigens schon von Psychologenfreunden bekannt war, die damals voller Begeisterung für Basaglias Ideen nach Triest gepilgert waren.

Anstaltspferd Marco, das anders als sie selber ungehindert auf dem Gelände ein- und ausgehen durfte.
Marco Cavallo, gemeinsam von Klinikbewohnern und Triestinern auf einem Volksfest enthusiastisch gefeiert, war fortan das Symbol des im selben Jahr von Basaglia und seiner Frau Franca Ongaro (1928–2005) gegründeten **Movimento Psichiatria Democratica.** Die »Bewegung für die demokratische Psychiatrie« forderte, Geisteskrankheiten als sozial bedingt anzuerkennen und psychiatrische Anstalten zu schließen. 1977 verkündete Basaglia gemeinsam mit dem Präsidenten der Provinz Triest die Auflösung des Ospedale Psichiatrico di San Giovanni, was bald darauf in die italienische Psychiatriereform mündete. Die am 13. Mai 1978 verabschiedete *legge 180* verfügte die Schließung psychiatrischer Anstalten zugunsten einer ambulanten Versorgung der Patienten (Offene Psychiatrie) und ging als europaweit richtungweisende *legge Basaglia* (Gesetz Basaglia) in die Geschichte ein. Der Rosengarten und v. a. Marco Cavallo sind allemal einen Ausflug an den Stadtrand wert.

Eingang zum Parkgelände: Via San Cilino oder Via Alfonso Valerio, www.parcodisangiovanni.it, Bus 6, 9, 17, 12

Besuchen Sie Marco Cavallo (hier eine Kopie) – im Parco di San Giovanni! Es wurde zum Symbol für eine menschenwürdige Psychiatrie.

Letzte (Un-)Ruhe und neue Heimat

Angesichts der **Foiba di Basovizza** kommt Schwermut auf. Das in ein Memorial umgewandelte Massengrab auf dem Karst erinnert an das schwierige Verhältnis von Triest zum ehemaligen Jugoslawien. Das prägt ebenso wie die Jahrhunderte lange Habsburgerherrschaft die Identität der Stadt und wird im **Museo della Civiltà Istriana Fiumana Dalmata** mit modernsten musealen Mitteln beleuchtet.

Menschenverachtend

Foiba di Basovizza 🕮 Karte 3, E 4
Triest hatte während des Zweiten Weltkriegs nicht nur Opfer der Nationalsozialisten und ihrer einheimischen Kollaborateure zu beklagen, sondern litt auch unter den Übergriffen von Titos Armee und Partisanen, die Anfang Mai 1945 für 40 Tage die Kontrolle über Triest übernahmen. Die internierten und liquidierten nicht nur italienische und deutsche Faschisten, sondern auch unbescholtene Zivilisten, die sie manchmal sogar bei lebendigem Leibe in den Grotten und Schächten auf dem Triestiner Karst begruben. Die geschätzte Zahl der Menschen, die in den sogenannten *Foibe* ums Leben kamen, differiert je nach politischem Lager und schwankt zwischen einigen Hundert und mehreren Tausend. Die gruseligsten Erinnerungen verbinden sich mit der Foiba di Basovizza. Der ehemalige Kohleschacht mutierte im Mai 1945 zum Massengrab, als hier deutsche und italienische Soldaten, aber auch Zivilisten, die von jugoslawischen Armeeangehörigen und Partisanen – wohl oft zu Unrecht – der Kollaboration mit den faschistischen Machthabern bezichtigt, ermordet und ›entsorgt‹ wurden. Er wurde 1992 zum italienischen Nationalmonument und zur Gedenkstätte erhoben und 2007 um ein Dokumentationszentrum erweitert.

Località Basovizza, Strada Statale 14, www.foibadibasovizza.it, Memorial immer zugänglich, Dokumentationszentrum: März–Juni tgl. 10–18, Juli–Feb. Do–Di 10–14 Uhr, Eintritt frei, Bus 39

Zeitreise

Civico Museo della Civiltà Istriana Fiumana Dalmata 🕮 E 7
Nach Ende des Krieges blieben die Beziehungen zwischen Triest und dem damals sozialistischen Nachbarland gespannt und von Flucht und Vertreibung aus den bis dahin italienischen und seit 1947 jugoslawischen Gebieten in Istrien, Dalmatien und Fiume (heute Rijeka) getrübt. Von dort bewegten sich etwa 300 000 Menschen gen Italien, weil sie nicht in dem sozialistischen Staat leben wollten bzw. die Rache der slawischen Bevölkerung fürchteten, die zuvor von italienischen Faschisten diskriminiert und drangsaliert worden war. Viele ließen sich im Stadtteil **Chiarbola** nieder. Das **Museo della Civiltà Istriana Fiumana Dalmata** lädt mit multimedialen Installationen und anschaulichen musealen Inszenierungen zu Zeitreisen in die Vergangenheit von Istrien, Dalmatien und Fiume (Rijeka) ein. Man kann sich ein Landschaftsbild von diesen Gebieten machen und taucht ein in die Alltags- und Festkultur ihrer italienischen Bewohner, deren Schicksal im und nach dem Zweiten Weltkrieg hier ebenfalls im Fokus stehen. Viele Exponate stammen übrigens aus dem mit dem Hausrat der Flüchtlinge und Vertriebenen angefüllten Magazzino 18 im Porto Vecchio (► S. 30), dessen faszinierendes Innenleben hier fotografisch dokumentiert ist.

Via Torino 8, www.irci.it, Di–Do 10–13, Fr, Sa 16–19, So 10–19 Uhr, 6 €

Pause. Einfach mal abschalten

Wollen die Triestiner für ein Weilchen dem Großstadttrubel entfliehen, flanieren sie über den Molo Audace (► S. 24). Nach Feierabend oder am Wochenende spazieren sie über die Adriauferpromenaden zwischen Barcola und Miramare (► S. 63) oder fahren zum Wandern und Weintrinken auf den Karst (► S. 70). Sonnen und Baden – mitten in der Stadt oder vor ihren Toren (► S. 66) – ist ein ebenso beliebter Volkssport wie Segeln. Manche erklimmen zur Entspannung die Felswände im Val Rosandra, drehen eine Runde im Park vor der Haustür oder lassen sich im derzeit angesagten Spa von Portopiccolo verwöhnen.

Wanderschuhe anziehen!

Riserva Naturale Regionale della Val Rosandra Karte 3, E 4

Wenn Sie es den aktiven Triestinern gleich tun möchten, ab ins einzige Tal im Karst. Im wildromantischen Val di Rosandra rauschen mehrere Wasserfälle und grünen und blühen 3000 Pflanzenarten. Weil das Naturschutzgebiet von hohen Felswänden flankiert ist, ist es auch bei kletterfesten Alpinisten beliebt. Sie können aber auch auf dem Boden bleiben und einfach vor natürlich schöner Karstkulisse wandern. Festes Schuhwerk ist in jedem Fall angeraten, zumal man dort auch schon einmal Vipern begegnen kann.

San Dorligo della Valle, Besucherzentrum Bagnoli della Rosandra-Boljunec, www.riservavalrosandra-glinscica.it, Bus 40, 41 und 49

Artenvielfalt

Civico Orto Botanico di Trieste Karte 2, E 3

Wer sich beim Anblick von Büschen, Bäumen und Blüten erholt, wird von der botanischen Vielfalt begeistert sein. Der botanische Garten, in dem 1200 Pflanzenarten gedeihen, grünt und blüht bereits seit 1842. Er ist Habitat für die regionstypische Flora Julisch-Venetiens, Farne und Sumpfgewächse, Giftpflanzen und Heilkräuter sowie Nistplatz für eine bunte Vogelschar.

Via Marchesetti 2, www.ortobotanicotrieste.it, März–Mitte Nov. tgl. 9–13, Mo und Mi bis 17 Uhr, Eintritt frei, Bus 25, 26

Prominent bewohnt

Giardino Pubblico Muzio Tommasini Karte 2, E 2

Der Park wurde im 19. Jh. angelegt und auf seinen Landschaftsarchitekten und Botaniker Muzio Tommasini getauft. Er entspannt mit Waldwegen, Wiesen und Weiher und ist mit Büsten und Standbildern von 31 Prominenten dekoriert. Man trifft das berühmte Dichterdreigestirn Svevo, Joyce und Saba, deren Kollegen Scipio Slataper und Giani Stuparich und viele andere berühmte Männer sowie mit der (Mode-)Designerin Anita Pittori und der Unternehmerin Letizia Fonda, der Tochter Italo Svevos, immerhin zwei erfolgreiche Frauen.

Via Giulia 2, http://verdepubblico.comune.trieste.it, Winter 7–19, Sommer 7–20 Uhr, Bus 3, 6, 9, 35

Gedenken im Grünen

Parco della Rimembranza J 6

Der Parco della Rimembranza begrünt seit 1926 die Hänge des Colle di San Giusto und wird auch Karstgarten genannt. In

der kleinen Grünanlage verteilen sich Steine aus Karstgestein mit den Namen im Ersten Weltkrieg gefallener Soldaten, die um Gedenkplatten für die Toten späterer Kriege ergänzt wurden. Man erklimmt das im doppelten Wortsinne schattige Plätzchen von der Piazza Goldoni bzw. Via Capitolina über die monumentale Scala dei Giganti oder steigt vom Castello zu ihm hinab. Oberhalb der Treppe steht ein Brunnen in Form eines Obelisken, der hier 1938 anlässlich des Besuchs von Mussolini enthüllt wurde.
Via Capitolina, immer zugänglich

Entspannung de luxe
Spa Portopiccolo by Bakel
🕮 Karte 3, A 1
Auch diejenigen, die das etwas künstliche Ferienresort von Sistiana (► S. 77) eigentlich nicht besonders mögen, schwärmen in höchsten Tönen von dessen exklusiver Wellness- und Beauty-Oase. Die öffnet sich mit breiten Fensterfronten zur Adria, integriert Hammam, Sauna und Salzgrotte, Außen- und Innenbecken, Fitness-, Entspannungs- und Schönheitszonen und ist ›entspannungstechnisch‹ auf dem allerneuesten Stand.

WIND UND WELLEN

Die Triestini lieben das Segeln, die weltgrößte Segelregatta **Barcolana** (► S. 113) im Oktober ist das wichtigste Volksfest der Stadt. Sie können sich das Segelvergnügen auch ohne eigenes Boot und Segelschein gönnen. Die Skipper der Agentur **Carsokras** in Duino nehmen z. B. von März bis Okt. 1–2 Personen für 98 € drei Stunden mit aufs Meer (🕮 Karte 3, A 1, Duino 50, T 349 009 53 69, T 347 440 08 95, www.carsokras.com). Wer hier einen Segelkurs machen möchte, findet in der Stadt der Winde viele gute Lehrer, etwa bei der **Società velica di Barcola e Grignano**, der Gesellschaft, die 1969 die berühmte Regatta ins Leben rief und bis heute organisiert (🕮 Karte 3, C 3, Viale Miramare 32, T 040 41 16 64, www.svbg.it).

Località Sistiana 231 m, www.falisiaresort.com, So–Do 10–20, Fr, Sa 10–21 Uhr, Jan.–Juni, Mitte Sept.–Dez. Di geschl., Tickets wochentags ab 18 € für 3 Std., nachmittags und Sa, So teurer, Bus 6, E 51 (Flughafenbus)

Das Rosandra-Tal lockt (Rad-)Wanderer und Naturfreunde an, sogar Alpinisten kommen an den hoch aufragenden Felswänden auf ihre Kosten.

Unter hohen Decken

Triest gehört nicht zu den klassischen europäischen Städtereisezielen, ist aber zweifellos als solches im Kommen, sodass es sich schon einmal mit Übernachtungsoptionen für jeden Geschmack und Geldbeutel auf das wachsende Interesse eingerichtet hat. Es gibt Hotels, die nobel und luxuriös sind, Patina und nostalgisches Flair haben, in zeitgeistigem Design daherkommen oder Altes und Neues geschmackvoll kombinieren.

Fast alle sind in historischen Gemäuern untergebracht. Das gilt auch für B&Bs mit oder ohne Familienanschluss und die relativ große Auswahl an Ferienapartments, darunter elegante Wohnungen in gediegenen Stadtpalästen aus Habsburgischer Zeit. Wer rund um die Uhr mittenmang sein will, ist im Zentrum richtig. Wer's am Abend oder zwischendurch lieber ruhig und beschaulich mag, findet nette Hotels am Meer vor den Toren und den einen oder anderen sympathischen Landgasthof auf dem karstig-grünen Bergrücken der Stadt.

Da Triest nicht von Touristen überschwemmt ist, rangieren die mittleren Preise noch nicht auf metropolitanem Niveau. Deshalb kann man mit etwas Reiseterminglück selbst in Nobelherbergen wie dem schon von Kaiser Franz Joseph geschätzten Savoia Excelsior Palace für relativ kleines Geld ganz groß logieren. Eine rechtzeitige Buchung ist gleichwohl angeraten, besonders in der Hauptreisezeit (Mai–Sept.) und während der weltgrößten Segelregatta Barcolana Anfang Oktober.

Wer etwas auf sich hält, logiert im Duchi d'Aosta.

ZUM SELBST ENTDECKEN

Schlafen am Meer
Wenn Sie gern in unmittelbarer Nähe von Stränden oder in einem Agriturismo auf dem Karst logieren und dafür die Bus-, Auto- oder – von Juni–September – auch Schifffahrt zum Sightseeing im Zentrum in Kauf nehmen, finden Sie nahe des Märchenschlosses **Miramare** (► S. 63) in **Duino** und **Sistiana** (► S. 76) und bei **Winzern** (► S. 70) in Agriturismi ein paar schöne Optionen.

Online suchen
Außer den internationalen Buchungsportalen wie www.booking.com, www.trivago.de oder www.airbnb.de, die selbstverständlich auch Triest auf dem Schirm haben, bietet sich die Onlinebuchung über die Website des lokalen Tourismusverbandes www.turismofvg.it. oder in Sachen B & B die Seiten www.bed-and-breakfast.it. und bb.fvg.it an.

Nostalgischer Charme

Hotel Alla Posta J 3

Das umsichtig geführte Traditionshotel in dezentem Abstand zur verkehrsumtosten Piazza Oberdan ist schon etwas in die (100!) Jahre gekommen und noch nicht alle Zimmer den zeitgemäßen Ansprüchen gemäß renoviert. Es ist dennoch oder vielleicht gerade deswegen überaus charmant, zumal das in einem gemütlichen Kaminzimmer kredenzte leckere Frühstück einen überdurchschnittlich guten Ruf genießt.

Piazza Oberdan 1, T 040 36 52 08, www.albergopostatrieste.it, DZ ab 70 €, Bus 1, 3, 19, 20

Vorhang auf!

Hotel Al Viale L 4

Das schlicht möblierte Familienhotel überzeugt durch seine ruhige und doch zentrale Lage nahe der quirligen Theater- und Gastromeile Viale XX Settembre. Hotel und Personal sorgen für eine freundliche Atmosphäre.

Via Aurelio e Fabio Nordio 5, T 040 348 08 38, www.hotelalviale.it, DZ ab 80–120, EZ 60–80 €, Bus 19, 3

Herzlich natürlich

B & B Petra K 5

Obwohl stadtzentral mitten im quirligen Borgo Teresiano gelegen, mutet das B & B von innen fast wie ein Landhaus an. Natürliche Materialien wie Holz und Stein (daher der Name!) und wohnliches Mobiliar prägen das Interieur. Auch beim Frühstück sind die herzlichen Gastgeber Giorgio und Chiara auf biologische Zutaten bedacht.

Via Mazzini 44, T 333 575 30 17, www.bedandbreakfastpetra.com, DZ 55–75 €, Bus 1

Vor- und Nachteile

Residence al Granzo D 7

Die Zimmer sind groß und hell, allerdings etwas spartanisch möbliert. Meer, Bars, Restaurants und Kneipen liegen quasi direkt vor der Haustür, wo eine nette kleine Nachbarschaftsbar mit Frühstück und *aperitivo* dient. Wenn man mit der Familie oder im sparsamen Freundeskreis unterwegs ist, durchaus eine Option, die ihre Vorteile mit sich bringt.

Piazza Venezia, T 040 30 03 93, www.residencealgranzo.it, Studios und Zimmer für 2–5 Pers. 90–150 €, Bus 8, 20

> **Ü ÜBRIGENS**
>
> Parkplätze direkt am Hotel sind in der Innenstadt selten. Allerdings machen Garagen und Bushaltestellen in fußläufiger Nähe der Unterkunft diesen Mangel eigentlich immer wett.

Zweiter Wohnsitz Triest

B & B My Way F 6

Die Gäste schätzen die ruhigen und blitzsauberen Zimmer in superzentraler Lage zwischen dem angesagten Altstadtquartier Cavana, dem Adriaufer und der Piazza dell'Unità. Sie schwärmen von der Dame des Hauses namens Luciana, die dafür sorgt, dass das schneeweiß leuchtende B & B in der zweiten Altbauetage für eine Weile zum zweiten Zuhause in der Ferne wird.

Via Diaz 4, T 392 248 28 00, www.mywaytrieste.it, DZ mit Bad 80–100 E, ohne Bad 65–85 €, Bus 8

Modern und mittenmang

Nuovo Albergo Centro H 4

Das Mitteklassehotel unter familiärer Leitung bietet helles zeitgenössisches (Möbel-)Design hinter grauen Altstadtmauern des Borgo Teresiano. Bahnhof, Canal Grande und Porto Vecchio sind nur einen Katzensprung entfernt.

Via Roma 13, T 040 347 87 90, www.hotelcentrotrieste.it, DZ 80–140 €, Bus 8

Entspannung überm Meer

B & B Al Tramonto Karte 3, C 3

Für diejenigen, die dem Großstadtgetriebe am Abend und auch zwischendurch gern einmal entfliehen, ist dieses saubere und ordentliche Haus auf den Hügeln über Triests Badevorort Barcola genau das Richtige. Von der großen Terrasse genießt man freien Blick auf die Adria, deren Strände knapp 1 km

Durch diese Hotelhallen weht der Geist der Donaumonarchie. Kaiser Franz Joseph höchstselbst legte im Savoia Excelsior einst sein müdes Haupt nieder.

entfernt sind. Das Frühstück serviert Signora Rosalba persönlich. Ins Zentrum geht's mit den Buslinien 42, 44 und 46.

Barcola, Salita di Contovello 69/2, T 040 41 20 86, www.triestealtramonto.it, DZ 75–85 €, Mitte März–Nov., Bus 42, 44, 46

Geschmackvoll und gemütlich
L'Albero Nascosto F 6

Mit ästhetischem Gespür restaurierter und möblierter historischer Stadtpalazzo in zentraler Lage, der mit gemütlichen Zimmern und Miniapartments und einem frischen und fruchtigen Frühstück für Wohlfühlatmosphäre sorgt. Besonders reizend ist das Apartment ›zwischen Himmel und Meer‹! Lauffaul sollten Sie nicht sein: Es gibt keinen Aufzug.

Via Felice Venezian 18, T 040 30 01 88, www.alberonascosto.it, DZ um 140 €, Bus 8

Zeitgeist auf antiken Fundamenten
Urban Hotel Design F 6

Hier spürt man den Atem der Geschichte und zugleich den Puls der Zeit. Das Designhotel des 21. Jh. profiliert sich mit kühl gestyltem Komfort und eröffnet durch einen gläsernen Fußboden in seinem Frühstücksraum die Aussicht auf seine römischen Fundamente.

Androna Chiusa 4, T 040 30 20 65, www.urbanhotel.it, DZ ab 100 €, Bus 24

Einfach (und) gut
James Joyce F 6

Das kleine Drei-Sterne-Hotel in einem originalgetreu restaurierten Palazzo aus dem 18. Jh. hat kleine und einfach ausgestattete Zimmer, zentrale Altstadtlage, unprätentiösen Charme und günstige Preise. Das Frühstück wird im o. g. Schwesterhotel gleich vis-à-vis serviert.

Via dei Cavazzeni 7, T 040 30 20 65, www.hoteljamesjoyce.com, DZ ab 80 €, Bus 24

Omas Aura
Atelier Lidia Polla K 4

Das B & B hat sich in einer liebevoll eingerichteten Altbauetage mit hohen Decken und Parkettboden eingerichtet. Früher war diese von der Bildhauerin Lidia Polla (1911–97) bewohnt und beseelt. In den auf Opern getauften Zimmern fällt hier ein besonderes Möbelstück und dort eine originelle Lampe ins Auge und steht natürlich auch die eine oder andere Skulptur der

Großmutter der aktuellen Hausherrin Laura, die ein gutes und gesundes Frühstück auf dem alten Marmortisch in der Küche serviert.

Via Coroneo 1, T 334 715 02 31, www.atelier lidiapolla.com, DZ 90, Dreibettzimmer 100 €, Bus 17

Bibliophil

Hotel Victoria. L'albergo letterario di Trieste ⌂ L 7

Dass James Joyce einst im selben Gebäude wohnte, inspirierte die elegant-gepflegte Herberge in quirlig-urbaner Umgebung, in den klassisch modern gehaltenen Zimmern eine Auswahl von Büchern zu deponieren. Autoren unter den Gästen, die ein eigenes Werk für die zentrale Hotelbibliothek spendieren, gewährt man 10 % Rabatt.

Via Oriani 2, T 040 36 24 15, www.hotelvictoria trieste.com, DZ ab 100 €, Bus 20, 23

Mit gastronomischer Erfahrung

Hotel Continentale ⌂ H 5

Das Haus war um die vorletzte Jahrhundertwende eines von mehreren Hotels in der kommerziell und gastronomisch quirligen Straße Via San Nicolò mitten im Borgo Teresiano und ging seinerzeit aus dem Restaurant Berger hervor, das hier schon kurz nach Fertigstellung des repräsentativen Stadtpalazzo anno 1880 auftischte. Es trägt seit dem Ersten Weltkrieg seinen aktuellen Namen und bietet komfortable Zimmer mit nagelneuen Möbeln in klassisch antikem Dekor.

Via San Nicolò 5, T 040 63 17 17, www.conti nentalehotel.com, DZ 100–200 €, Bus 24

Geschichte und Gegenwart

Palace Suite ⌂ J 5

Das Hotel Continentale (► S. 89), in dem man für diese Übernachtungsoption eincheckt und auf Wunsch auch frühstückt, verwaltet 16 luxuriöse Suiten von 35 bis 80 m^2 Größe in einem gelungen restaurierten, prachtvollen schneeweißen Stadtpalazzo vom Beginn des 20. Jh. Außen besticht dieser durch üppiges skulpturales Dekor, innen durch zeitgemäßes Design und neueste Hoteltechnik. Die Wohnungen sind farblich in elegantem Grau gehalten und mit grünen, lila, roten, oder schwarz-weißen Akzenten versehen sowie zeitgemäß möbliert. Sie verteilen sich auf vier Stockwerke.

Via San Nicolò 34-36/Via Dante 6a, T 040 36 76 31, www.palazesuite.com, DZ 120–200 €, Bus 24

Vornehm residieren

Seven Historical Suites ⌂ J 4

Gediegen möblierte und mit allem zeitgemäßen Übernachtungskomfort getoppte Suiten im behutsam restaurierten obersten Stockwerk eines historischen Palazzo in zentraler Lage. Die Einrichtung variiert, ist aber immer nobel-repräsentativ, Frühstück gibt's auf Anfrage.

Via Fabio Filzi 5, T 040 760 08 17, www.seven trieste.com, Suite 120–210 €, Bus 30, 2

Noblesse im Stadtsalon

Grand Hotel Duchi d'Aosta ⌂ F 5

Die Luxusherberge mit antikem Interieur bietet seit 1873 erlesenen Übernachtungskomfort und integriert das auf hohem (Preis-)Niveau bekochte Restaurant Harry's, in dem auch das Frühstück serviert wird. Weil das geschichtsträchtige Haus (► S. 22) bisweilen günstige Angebote macht, ist das Logieren an dieser feinen Adresse auch für weniger gut Situierte eine am Ende unvergessliche Option.

Piazza Unità d' Italia 2, T 040 760 00 11, www.duchi.eu, DZ ab 140 €, Bus 8

Kaiserlich logieren

Starhotels Savoia Excelsior Palace ⌂ F 5

Das noble Haus direkt an der städtischen Adriauferpromenade bietet eine entsprechend grandiose Aussicht und galt bei seiner Eröffnung anno 1911 als das »wichtigste und luxuriöseste Hotel Österreich-Ungarns«. Es wirbt damit, dass Kaiser Franz Joseph I. hier einst logierte, und war und ist damals wie heute erste Wahl.

Riva del Mandracchio 4, T 040 779 41, www.starhotels.com, DZ 120–400 €, Bus 8

Multikulinarisch

Die kulinarischen Vorlieben der lange österreichisch-ungarischen Hafenstadt sind von den ehemaligen Kronländern der Donaumonarchie geprägt, sowohl maritim und mediterran als auch fett und fleischig. Man schmeckt, dass die Serenissima hier einmal das Sagen hatte, und spürt den Einfluss der Slowenen, die als Bevölkerungsminderheit diesseits und im eigenen Land jenseits der Stadtgrenze zu Hause sind. Die Lokalküche ist vom Geschmack der griechischen Einwanderer gezeichnet und vom nahen Kroatien inspiriert, verarbeitet Fangfrisches aus der Adria, Fleisch und Gemüse vom Karst und gibt sich immer öfter auch vegetarisch oder vegan.

Kurzum: In Triest kann jeder nach seiner Facon satt und (wein-)selig werden, zumal die Winzer vom Karst und aus den *colli orientali* rund um Cividale del Friuli spritzige Weiße zu Fisch und schwere Rote zu Cevapcici, Rindsgulasch und Schweinshaxe beisteuern. Fische, Schalen- und Krustentiere werden gegrillt und gebraten, gekocht oder frittiert, veredeln *pasta* (Nudeln) und *risotto* (Reis), reüssieren als *antipasto* (Vorspeise) oder *secondo* (Hauptgericht) und sind als *crudi,* also roh, ein besonderer Gaumenschmaus. Klassiker sind *sardoni in savor* (in Zwiebeln und Essig marinierte Sardinen und Sardellen) oder *brodetto* (Fischsuppe), der hier wie in Venedig meist mit *polenta* serviert wird. Die Fleischgerichte nach österreichisch-ungarischer Art konsumiert man vorzugsweise in sogenannten Buffets (► S. 96).

In der Altstadt warten kleine, unprätentiöse Lokale.

ZUM SELBST ENTDECKEN

Gewusst wo
Fürs volle kulinarische Programm geht's ins **Ristorante,** manchmal auch **Trattoria** oder **Osteria** genannt und mit einer **Pizzeria** kombiniert, oder in **Buffets** (► S. 96), die es ebenso wie die Weinschenken auf dem Karst namens **Osmize** (► S. 70) sonst nirgendwo in Italien gibt. Während dort üppige kalte Platten gereicht werden, serviert man zum Aperitif in der urbanen Bar oder **Enoteca** (Wein zum Mitnehmen und Verzehr vor Ort) nur ein paar herzhafte Häppchen. Süßes verlockt in der **Pasticceria** oder im **Caffè.** In Triest entzücken historische **Kaffeehäuser** *alla viennese* und schmeckt der ›selbst gemachte‹ Kaffee (► S. 48) besonders gut.

SO BEGINNT EIN GUTER TAG IN TRIEST

Hotspot in Sachen Frühstück

MUG F 6

Das MUG, in seiner Angebotspalette mit diversen Cupcakes und Brownies eher angloamerikanisch denn italienisch orientiert und vom Ambiente minimalistisch-metropolitan, trifft genau den Frühstücksgeschmack der jungen urbanen Szene, die sich hier vor oder nach gutem Guatemala-Kaffee aus Triestiner Röstung oder einem Tässchen Tee in großer Sortenauswahl gesunde Smoothies und frisches Obst aus biologischem Anbau munden lässt. Als Alternative zu all den verführerischen *dolci* gibt's auch herzhafte Frühstückoptionen und selbstverständlich ein Veggie-Breakfast.

Piazza Attilio Hortis 6, T 040 966 02 93, www.mugbakery.com, Di–Sa 8–20, So 10–18 Uhr, Frühstück um 10 €

Ein Lieblingsort

Nero in B E 6

Das von Soledad Copetti mit Herz geführte, von ihrem Ehemann Claudio Giachin in Industriedesign gestaltete und dennoch wohnliche Lokal ist genau der richtige Ort für ein ausgiebiges Frühstück süßer oder herzhafter Natur. Aber auch zu jeder anderen Tageszeit ist dies ein wärmstens empfohlener Wohlfühlort, wo man sich bei einem aromatischen *Nero in B* (Espresso im Glas) oder einem guten Glas Wein entspannen kann.

Via Cadorna 21 a, T 040 247 47 57, Mo–Sa 8–20.30 Uhr, www.neroinb.com, Espresso 1,20 €

SÜSS WIE SISSI

Viele typische **dolci – Süßigkeiten und Gebäck –** sind österreichischer bzw. ungarischer, böhmischer oder slowenischer Provenienz, wobei man in Triest selbst oft alles, was nicht aus Italien kommt, unter *mitteleuropeo* subsummiert. Es gibt genauso wie in Wien Zwetschgenknödel *(gnocchi di susine)* und Strudel *(strucolo),* den originär ungarischen *palacinke,* Gugelhupf oder Kaiserschmarrn *(pasticcio dell'imperatore).*

Die *putizza,* eine u. a. mit Trockenfrüchten und Schokolade gefüllte und Rum aromatisierte, vor dem Backen zur Schnecke gemachte Teigrolle ist slowenischen Urprungs und ähnelt im Aussehen dem obendrein mit Nüssen, Mandeln und Pinienkernen angereicherten *presnitz,* um den sich eine vor Ort wider besseres Wissen gern erzählte Legende rankt. Es heißt, dass das gehaltvolle Gebäck 1832 anlässlich des herrschaftlichen Besuches von Franz Joseph und Sissi von einer Triestiner Bäckerei als »Preis-Prinzessin« erfunden und später wegen Schwierigkeiten mit der deutschen Aussprache zu Presnitz verballhornt worden sei. Da die schöne Monarchin aber erst 1837 geboren wurde, ist es wahrscheinlicher, dass die Kalorienbombe – wie andere mutmaßen – vom slowenischen Ostergebäck *presenec* inspiriert ist.

Während die *putizza* und die aus einem süßen Brötchenteig gebackene *pinza triestina* vorzugsweise zu Ostern und der Presnitz gern zu Weihnachten gegessen werden, haben die Triestiner Konditoreien von September bis November die *fave triestine* in der Vitrine. Dabei handelt es sich um kirschgroße Mandelküchlein, die mit weißem, rosa und braunem Zuckerguss überzogen sind und in Triest seit dem ausgehenden 19. Jh. ebenso wie die Lichter auf den Gräbern zu Allerheiligen gehören. Die kleinen süßen Happen symbolisieren den Zyklus des Lebens, wobei die weißen für die Geburt, die rosafarbenen für das Leben und die braunen für den Tod stehen.

Weil der ›Nero in B‹ hier besonders gut und die Inhaberin megasympathisch ist, eroberte das gleichnamige Caffè sofort mein (Kaffeetrinkerinnen-)Herz.

Frühstückslorbeeren

Vatta Karte 3, D 3

Obwohl dieses Lokal nicht in Triest, sondern im Karstdörfchen Opicina angesiedelt ist, darf es nicht fehlen, denn nicht von umsonst ist es von der Feinschmeckerzeitschrift »Gambero Rosso« zum besten Frühstückslokal der Region Friaul-Julisch Venetien gekürt worden. Das Angebot ist sowohl in der Abteilung süß als auch herzhaft top, weitgehend bio und auch nachmittags oder abends den Abstecher wert.

Opicina, Via Nazionale 35-38, T 040 246 13 54, Di–So 6–23 Uhr, Frühstück um 10 €, Bus 42

QUAL DER FRÜHSTÜCKSWAHL

Für alle, die beim Frühstück gemütlich und lange sitzen wollen, sind die historischen **Kaffeehäuser** (► S. 48) wohl allererste Wahl. Wer lieber *all'italiana* mit einem *cornetto* in der Hand und einem duftenden Kaffee am Bartresen startet, wird fast an jeder Ecke fündig, wahlweise in einer der unprätentiös charmanten Nachbarschafts- oder zeitgeistig schicken **Illy-Bars** (www.illy.com). Daneben gibt's in Triest ein paar gerade angesagte Lokale wie das **MUG** (► S. 91) oder den **Zeroquaranta Social Club** (► S. 97) mit metropolitanem Flair à la Berlin, London oder Amsterdam.

WO ESSEN AUF NACHHALTIGKEIT TRIFFT

Klein, aber fein

Nero di Seppia E 7

Lassen Sie sich in diesem winzigen zeitgemäß designten Restaurant von freundlichen Menschen mit exzellenter maritimer Küche verwöhnen. Da das rundum attraktive Lokal entsprechend beliebt ist und die Inhaber die Tische nur ein einziges Mal am Abend besetzen, um ihren Gästen alle Zeit der Welt zu lassen, sollten Sie unbedingt rechtzeitig reservieren. Nur mittags hat man mitunter Glück und erwischt auch schon mal spontan einen Tisch.

Via Cadorna 23, T 040 30 13 77, 339 153 90 39, www.trattorianerodiseppia.com, mittags und abends, So, Mo Ruhetag, Menü um 40 €

Fleischlos glücklich

Genuino G 5

Obwohl man hier auch einige Fleischgerichte bestellen kann, ist der minimalistisch zeitgemäß gestylte Edelimbiss im ehemaligen Ghetto (► siehe auch S. 38) eine der ersten kulinarischen Adressen für Vegetarier und Veganer, die hier Snacks und schnelle kleine Menüs genießen.

Via delle Beccherie 13, T 040 064 04 90, www.genuino.com, Mo–Fr 12–22, Sa bis 22.30 Uhr, veganer Hamburger 8,50 €

Für Flexitarier und Vegetarier

Baracca e Burattini J 4

Allseits hochgelobte lokale Küche in rustikal-gemütlichem Ambiente, die nicht ausschließlich, aber auch in schmackhaften vegetarischen Versionen, z. B. in Gestalt einer herrlichen Linsen-Kartoffelsuppe, zu haben ist.

Via di Torrebianca 19, T 040 63 17 66, Mo, Di 11–16, Mi–Fr 11–16, 19.30–23, Sa 19.30–23 Uhr, Menü um 30 €

Gesundes in literaturhistorischem Gemäuer

Giardino Tergesteo G 5

Dort, wo heute in prominenter Lage der eleganten Piazza della Borsa vegetarische und vegane Snacks und Menüs serviert werden, fanden sich im vorigen Jahrhundert die Dichter und Denker des Ortes zum Gedankenaustausch im Literatencafé Tergesteo ein.

Piazza della Borsa 15, T 040 36 58 12, mittags und abend geöffnet, Menü um 40 €

Gut verdaulich

Pizzeria Bella Napoli L 4

Die Pizzeria an der quirligen Theater-, Kino- und Ausgehmeile macht Pizza nach neapolitanischem Vorbild, die auf Wunsch der Gäste auch mit Vollkornmehl, Kamut und/oder glutenfrei zubereitet wird.

Viale XX Settembre 27, T 040 37 06 37, Di–So 12–15, 18.30–23 Uhr, Pizza um 10 €

EIS UND HEISS

An der **Viale XX Settembre** reihen sich nicht nur Kinos und Theater, sondern mit der **Gelateria De Martin** (L 4, Viale XX Settembre 14) und **Gelateria Millo** (L 4, Viale XX Settembre 18, www.milloworld.com) auch zwei der besten Eisdielen der Adriastadt auf. Beide haben viele tolle Sorten in petto, und die Zweite ermöglicht auch Veganern ungetrübten Eisgenuss. **Jazzin** (F 5, Via del Mercato Vecchio 1 d) und **Gelato Marco** (G 6, Via Malcanton 16a, www.gelatomarco.com, Di–So 9.30 bis 23.30 Uhr) haben ebenfalls einen guten Ruf und Eis ohne Milch. **Chocolat** (F 6, Via di Cavana 15) macht Fans von Schokolade glücklich, die hier nicht nur fest und eisgekühlt, sondern flüssig und heiß dem Gaumen schmeichelt.

EXPERIMENTIERFREUDIG UND UNGEWÖHNLICH

Neue Rezepte

Trattoria Ai Fiori E 6

Das alteingesessene Fischrestaurant an der netten Piazza Attilio Hortis profiliert sich in den letzten Jahren erfolgreich mit der kreativen saisonalen Abwandlung der lokaltypischen Meeresküche, z. B. Spaghetti mit Jakobsmuscheln, Porree und Anis oder gegrillter Thunfisch mit Limettenkokossoße, um nur zwei Beispiele von der letzten Winterkarte zu nennen.

Piazza Attilio Hortis 7, T 040 30 06 33, www.aifiori.com, Mai–Okt. Di–Sa 12.30–14.30, 19.30–23, So 19.30–23 Uhr, Nov.–April Mo 19.30–23, Di–Sa 12.30–14.30, 19.30–23 Uhr, So Ruhetag, Menü um 50 €

Exklusiv und experimentell

Al Bagatto E 6

Raffinierte maritime Küche in eleganter Atmosphäre und all denjenigen emp-

F
FISCHIG

Vor der eigenen Haustür Gefangenes ist exklusiver als billige Importware aus allen Weltmeeren, sodass ein komplettes **Menü mit Fischen und Meeresfrüchten aus der Adria,** das sich Fans der maritimen Küche aber gleichwohl mindestens einmal gönnen sollten, nicht unter 50 € zu haben ist.

fohlen, die mutige Neuinterpretationen der lokalen Klassiker der Fischküche kosten wollen. In dem Gourmettempel, der aus einer schlichten Fischkneipe der 1960er-Jahre hervorgegangen ist, werden die Adriafische gern mit Früchten der Saison kombiniert, sodass hier z. B. Scampi mit Trauben, Muscheln mit Erdbeeren oder Makrele mit Orangen auf die Teller kommen. Dass hier alles ästhetisch gelungen angerichtet und die Weinkarte erlesen ist, versteht sich fast von selbst.

Via Luigi Cadorna 7, T 040 30 17 71, www.albagatto.it, Mo–Sa 19.30–23 Uhr, Menü um 70 €

ADRIAFISCHVOKABULAR

acciuga oder *alice* – Sardelle
astice – Hummer
branzino – Seebarsch
calamaro – Tintenfisch
canocchia – Heuschreckenkrebs
cefalo – Meeräsche
cozza – Miesmuschel
gambero (Mazzancollo) – Krebs
granceola –Seespinne
merluzzo – Kabeljau
orata – Goldbrasse
rombo – Steinbutt
sardina – Sardine
scampo – Kaisergranat (schlanker Hummer)
scorfano – Drachenkopf
seppia – Tintenfisch
sgombro – Makrele
sogliola – Seezunge
tonno Rosso – roter Thunfisch
triglia – Seebarbe
vongola – Venusmuschel

Unvergessliches kulinarisches Erlebnis

Scabar Karte 2, G 6
Die sympathische Kultköchin und Kochbuchautorin Ami Scabar, übrigens Ehefrau von Krimiautor Veit Heinichen, kocht lecker und leidenschaftlich nach Triestiner Vielvölkerart und setzt dabei ganz eigene und meist überaus schmackhafte Akzente. Sie ist eine Meisterin der raffinierten Meeresküche, verwendet nur allerbeste Zutaten und führt zusammen mit ihrem Bruder und Sommelier Giorgio das 1967 gegründete elterliche Restaurant an Triests Peripherie, das ich Ihnen wärmstens ans kulinarische Herz lege.

Erta di Sant'Anna 63, T 040 81 03 68, www.scabar.it, Di–So 12–15, 19–23 Uhr, zu erreichen mit Bus 34, Menü um 60 €, Bus 34

INSTITUTIONEN UND SZENETREFFS

Kulinarisch konsequent und krisenfest

Antica Trattoria da Suban
Karte 2, G 3
Das Restaurant existiert bereits seit mehr als 150 Jahren! Genauer gesagt seit 1865 und es ist noch immer in der Hand derselben Familie und hat alle Stadtregenten, Besatzer und politischen Systemwechsel überdauert. Auf der Speisekarte stehen österreichische, slowenische, istrische und dalmatinische Spezialitäten und viele Klassiker der Triestiner Vielvölkerküche, darunter z. B. slowenische *jota*, ungarisches Gulasch gekochter Schinken in Brotteig, Strudel und Zwetschgenknödel. Zu dem rustikalen, fleischlastig und deftig bekochten Lokal im etwas weiter draußen gelegenen Stadtteil San Giovanni gehört ein schöner Garten.

Via Emilio Comici 2 d, T 040 543 68, www.suban.it, Mi–Mo 19–22 Uhr, Menü um 40 €, Bus 35, B

Die feine Triestiner Küche im Chimera di Bacco (▶ S. 38) im ehemaligen Ghetto Ebraico ist nicht nur ein Gaumenschmaus, sondern auch eine Augenweide – da zeigt der Chef Luca Morgan gern höchstpersönlich, was die Küche auf Lager hat.

Back to the roots
Bagutta Triestina K 5
Die Inhaber des rustikalen Restaurants haben in den vergangenen Jahrzehnten diverse kulinarische Orientierungen erprobt, bevor sie sich dazu entschlossen, sich wieder auf die deftige multikulinarische Triestiner Fleisch- und Gemüseküche zu konzentrieren. Deshalb werden in dem Lokal wie schon bei seiner Eröffnung an der vorletzten Jahrhundertwende u. a. ungarisches Gulasch, das istrische Nudelgericht *fusi con la gallina* (formschöne handgemachte Nudeln mit Huhn) oder der italienische Auberginenauflauf *parmiggiana* und dazu reichlich guter Wein goutiert.
Via Carducci 33, T 040 349 00 74, www.baguttatipicotriestino.it, Di–Sa 12.15–22.30, So 12.15–15 Uhr, Menü um 30 €

Frisch und roh
Antica Trattoria Menarosti L 5
Hier gibt's Fangfrisches mit und ohne Schale, das ohne Bedenken auch roh genossen werden kann. Die *granceola alla triestina* (Seespinne), eine von Triests auch anderswo kredenzten maritimen Spezialitäten, ist hier besonders delikat und das Restaurant trotz seiner großzügigen Speisesäle stets gut frequentiert, weshalb die Reservierung angeraten ist.
Via del Toro 2, T 040 66 10 77, Di–Sa 12–14, 19–22, So 12–14 Uhr, Menü um 40 €

Gut, günstig, gemütlich
Osteria de Scarpon L 5
Lokale Fischküche, z. B. *brodetto alla triestina* oder *sardoni in savor* (mit Zwiebeln und Essig eingelegte Sardinen), in Gesellschaft von Einheimischen. Das Lokal überzeugt von der Vorspeise bis zum *dolce* und nicht zuletzt mit der unprätentiös-freundlichen Atmosphäre und seinen netten Inhabern sowie dem gut ausgesuchten Personal.
Via Ginnastica 20, T 040 36 76 74, Di–So mittags und abends, Menü um 35 €

Wein und Küche
Osteria da Marise F 6
In einer Osteria wurde ursprünglich hauptsächlich Wein getrunken und diese moderne Variante einer solchen folgt zumindest halbherzig dieser Tradition, in dem sie die tolle Weinauswahl in den Mittelpunkt stellt, dazu aber fischige und fleischige Menüs auf der kleinen

›SCHWEINEREIEN‹ MIT TRADITION

Die Einheimischen lieben ihre **Buffets**, in denen v. a. Fleischfans auf ihre Kosten kommen: Hier reicht man Gebratenes, Geräuchertes und Gepökeltes, gern mit Kren (Meerettich) gewürzt, als Beilagen kommen *crauti* (Sauerkraut) oder Semmelknödel *(gnocchi di pane)* auf den Tisch. In der Regel wird auch die slowenische *jota,* ein Eintopf aus Kartoffeln, Sauerkraut und Bohnen, oder ungarisches Gulasch serviert. Neun von zehn Einheimischen empfehlen Ihnen unter Garantie **Da Pepi** (Foto) und **Siora Rosa,** die in diesem kulinarischen Segment Triestiner Institutionen, Vegetariern und Veganern allerdings ein Graus sind. Das Da Pepi ist schon seit 1897, Siora Rosa seit 1921 im Geschäft.

Da Pepi: G 5, Via della Cassa di Risparmio 3, T 040 36 68 58, Mo–Sa 8.30–21.30 Uhr, www.buffetdapepi.it, Menü 25 €

Siora Rosa: E 7, Piazza Hortis 3, T 040 30 14 60, Di–Sa 8–15.30, 17–22 Uhr, unbedingt reservieren!, Menü 25 €

Tageskarte bzw. -tafel hat. Atmosphäre und Küche überzeugen ebenso wie der Wein.

Via Felice Venezian 11 F, T 040 322 91 49, www.osteriamarise.it, 12–14.30, 19–22.30 Uhr, im Sommer Sa nur abends, So, Mo, im Winter Di Ruhetag, Menü um 30 €

Nichts für Kalorienbewusste
Vecchio Buffet Marascutti 1914
K 4

Auch hier gibt's seit über 100 Jahren die ganze kulinarische Palette der *città mitteleuropea,* also Deftiges nach österreichischer oder slawischer Art. Die Spezialität des räumlich großzügigen Hauses ist ein Gericht namens *Lubianska,* hinter dem sich eine mit Käse und Schinken gefüllte, panierte Fleischtasche verbirgt. Wer es weniger kalorienreich möchte, wählt z. B. *Prosciutto Cotto Triestino* (gekochter Schinken) oder probiert die *Jota* des Hauses, deren Rezept von Buffet zu Buffet variiert.

Via Battisti 2b, T 040 63 37 19, www.buffetmarascutti.it, Mi–Mo 10–15.30, 18–22.30 Uhr, Menü um 20 €

Bayerisch und bierselig
Buffet Birreria Rudy J 3

Eine interessante Adresse für diejenigen, die gern Schlachtplatten mit Sauerkraut vertilgen und dazu frisch gezapftes Bier, in diesem Falle Löwenbräu und Spaten, trinken. Für die meisten gewöhnungsbedürftig, bei Triestinern aller Generationen aber seit vielen Jahren ungebrochen beliebt.

Via Valdirivo 32, T 040 63 94 28, Mo–Fr 9–24 Uhr, Menü um 15 €

Sommerlocation
Al Barattolo J 4

Die Pizzeria, in der die Pizza nach alter neapolitanischer Tradition gebacken und mit Büffelmozarella belegt wird, existiert seit 1982 und wurde von Antonio Procetense gegründet, der 1961 als erster Pizzabäcker aus Neapel die Adriastadt erreichte und sich hier niederließ. Inzwischen von seinen Söhnen geführt, lockt das Lokal vor der Kulisse von San Antonio Taumaturgo und nahe des Ufers des Canal Grande v. a. bei schönem Wetter Gäste an. Neben passabler Pizza gibt's so gut wie alle Klassiker der italienischen Küche.

Piazza S. Antonio Nuovo 2, T 040 63 14 80, www.albarattolo.it, tgl. 10–24 Uhr, Pizza um 10 €

Maritimes Design
Marinato E 6

Passend zu seinem Standort direkt am Meeresufer gibt es in dem großen und relativ lebhaften Restaurant auf neapolitanische Art gebackene Pizza und Klassiker der italienischen Küche und Fischgerichte in freundlich maritimem Design.

Riva Nazario Sauro 4, T 040 31 04 12, www.marinato.it, tgl. 12–23.30, Pizza um 10 €

Lecker und lustig
Antipastoteca di Mare Alla Voligia J 7

In dem informellen Fischlokal unterhalb des Kastells kann man sich in lockerer Atmosphäre an herrlichen Vorspeisen satt essen. Weil Fisch bekanntlich schwimmen muss, gibt's dazu reichlich offenen Wein.

Via delle Fornace 1, T 040 30 96 06, www.antipastotecadimare.it, Mi–So 12–14, 19–22 Uhr, Portion um 8 €

Fröhliche Fischgelage
Salvagente D 7

Schmackhafte Fischgerichte, süffiger Hauswein und gute Stimmung, regelmäßig Livemusik unter dem Motto ›Swing and Fish‹. Das Lokal ist mit schlichtem Holzmobiliar eingerichtet, an den Wänden hängen Rettungsringe (der Name *salvagente* kommt schließlich nicht von ungefähr), Fischernetze und lustige Plakate.

Via dei Burlo 1c, T 040 260 66 99, Mi–So mittags u. abends, Menü um 30 €

Freundlich und farbenfroh
Mimi e Cocotte E 6

Das bunt bestuhlte Szenelokal serviert eine kleine Auswahl an Tagesgerichten und lädt nach ausgiebigem Sightseeing in der Altstadt zum Chillen in freundlicher Atmosphäre ein.

Via Cadorna 19, Di-So 8-15, Mi-Sa 8-23 Uhr, Hauptgericht Pasta 9,50 €.

Gut situiert und nett dekoriert
Antico Panada H 4

Das nette Restaurant, das bei kälteren Temperaturen in einem mit Kronleuchtern und alten Spiegeln dekorierten Gewölbe passable Triestiner Küche vornehmlich fischiger Natur serviert, liegt direkt am Canal Grande. Da es seine Tische bei schönem Wetter direkt am Wasser deckt, sei es nicht nur als Restaurant, sondern auch für den Aperitif empfohlen

Via Gioacchino Rossini 8 d, T 040 347 62 86, tgl. 12–14.30, 19–22.30 Uhr, Menü um 35 €

Hippe Hamburger
Zeroquaranta Social Food H 4

Der zeitgeistig designte Hotspot am Canal Grande hat von morgens bis abends etwas zu bieten. Am Morgen lockt ein deftiges oder gesundes Frühstück mit frischen Früchten, Säften und Müsli, mittags und abends sind die Hamburger des Hauses überaus gefragt. Schon wegen seiner Lage natürlich auch als Location für den Aperitif prädestiniert.

Via Gioacchino Rossini 8, T 040 760 08 69, tgl. 9–24 Uhr, Speisen 7–15 €

Altes Zeug und junges Design

Ums gleich vorweg zu sagen: Triest ist nicht Mailand, Paris, London oder Düsseldorf! Obwohl hier namhafte Designerinnen und Designer ihre Karriere starteten, brilliert es nicht gerade als Modemetropole. Trotzdem gibt's auch hier sowohl schöne alte als auch originelle neue Läden und wie überall in Bella Italia leckere Kulinaria zum Mitnehmen oder gleich Essen.

Selbstverständlich sind auch die Flagshipstores bekannter italienischer Modemacher und Filialen internationaler Ketten wie H & M am Platz. Während sich diese ›Allerweltsläden‹ an Corso Italia (🗺 H–K 5) und Via Carducci (🗺 J 2–L 6) und ihren schnurgeraden Nebenstraßen im Herzen des Borgo Teresiano aufreihen, verteilen sich die interessanteren ›Spielwiesen‹ junger Triestiner Designer(-innen) auf die ganze Stadt. An der Grenze von Cavana und Borgo Giuseppino sind sie besonders konzentriert (🗺 E/F 6/7).

Obendrein kann man dort in Antiquarischem wühlen, wofür man in Triest ein besonderes Faible hat. Das Ghetto Ebraico (🗺 G/H 5/6) ist geradezu ein Eldorado für ›alten Plunder‹ wie z. B. die entzückende Karikatur von windgeschüttelten *triestini* aus dem Jahre 1901, die nun in meinem warmen Bochumer Badezimmer der kalten Bora trotzen.

›Powershopping‹? Dafür ist Triest nicht unbedingt die erste Adresse. Treiben lassen, Überraschendes entdecken und viel Ambiente aufsaugen? Unbedingt!

ZUM SELBST ENTDECKEN

Alte Schätzchen in Muggia

Ein quasi eingemeindetes Shoppingevent in Sachen ›alter Plunder‹ ist der **Corte dei Miracoli** im benachbarten **Muggia** (🗺 Karte 3, C 5). Die kleine Adriastadt mit der venezianischen Architektur und dem sympathischen Fischerhafenflair lädt an jedem zweiten Sonntag im Monat unter dem Motto »Cose di Vecchie Case« (Sachen aus alten Häusern) zu dem rein von privaten Anbietern beschickten Flohmarkt ein. Auf ihrer zentralen **Piazza della Repubblica** und der **Via Roma** sind dann Stände mit alten Gemälden und einst wertvollem Geschirr, vergilbten Büchern und nostalgischem Blechspielzeug und allerlei anderen alten Schätzchen aufgereiht. Der »Hof der Wunder« empfängt von 9–17 Uhr, von Triest nimmt man den Bus 20 oder das Schiff »Delfino Verde« ab Molo Bersaglieri (6–20 Uhr stdl.).

DELIKATESSEN UND LEBENSMITTEL

Schlaraffenland
Mercato Coperto di Trieste L 6
Der Mercato Coperto, übersetzt ›überdachter Markt‹, ist schon von außen imposant, weil er in einem modernen Rundbau aus dem Jahre 1936 untergebracht ist. Drinnen pulsiert volles Triestiner Leben: Die Stände quellen über vor Obst und Gemüse, Fisch und Fleisch, Brot und Gebäck Natürlich gibt es auch Bars, wo man das Eingekaufte verspeisen oder sich kurz von der kulinarischen Reizüberflutung erholen kann.
Via Carducci 36, Mo 8–14, Di–Sa 8–17 Uhr

Aromatisches und Süßes
Torrefazione La Triestina F 6
In dem nostalgischen Altstadtladen gibt es neben dem aromatischen Kaffee der kleinsten Triestiner Rösterei, den man hier natürlich auch verkosten kann (► S. 49), hübsch verpackte Tees und Süßigkeiten, Tassen, Kannen, Döschen und vieles mehr.
Via Cavana 2, www.torrefazionelatriestina.it, 8–20 Uhr

Weltälteste Weinhandlung
Enoteca Bischoff H 5
Die Enoteca Bischoff, 1777 von einer geschäftstüchtigen Schweizer Einwandererfamilie gegründet, ist das älteste Geschäft von Triest und soll zugleich die älteste Weinhandlung der Welt sein. Heute lagern hier fachgerecht 2500 Sorten Wein von allen Kontinenten, darunter 200 Sekt- und Champagnervarianten. Erlesene Schnäpse und Liköre, edler Essig und feine Süßigkeiten ergänzen das faszinierende Sortiment.
Via Mazzini 21, www.bischoff.it, Mo–Sa 9.30–13, 16–19.30 Uhr

Schnapsdrosselparadies
Piolo & Max F 6
Hier gibt es – meist abgefüllt in dekorativen Flaschen – alle erdenklichen Schnäpse und Liköre, darunter welche auf Wein- und Fruchtbasis, mit Kräutern und Ingwer, natürlich Grappe und auch Wein, vorzugsweise aus Triest und Umgebung.
Via Felice Venezian 11, www.pioloemax.it, Mo–Sa 16–19.30, Fr, Sa auch 10–13 Uhr

TIPPS FÜR BÜCHERWÜRMER

Triest gilt als Stadt der Literatur und des Buches und hat viele Buchhandlungen. Leider sind die schönen, alten inzwischen mehrheitlich geschlossen oder renoviert. Eine Ausnahme ist das deshalb an anderer Stelle bereits als Sehenswürdigkeit gewürdigte **Antiquariato Umberto Saba** (► S. 47). Kurios kommt die von Inhaber Pierluigi Kruml leidenschaftlich geführte **Bottega del Nonno** (F 6, Via Felice Venezian 20/22, tgl. 10–12, 16.30–19 Uhr) daher, die aus zwei einander gegenüber liegenden Ladenlokalen besteht. In dem einen liegen gebrauchte Bücher für einen Euro, in dem anderen unwesentlich Teureres aus. Bücher und Kunstdrucke, soweit das Auge reicht, gibt's auch in der **Libreria Achille** (G 5, Piazza Vecchia 4, http://libreriachille.com, Di–Sa 9–12.30, 15.30–19 Uhr). Unter den neueren *librerie* sei noch die **Libreria Internazionale Transalpina** (J 4, Via di Torre Bianca 27, www.transalpina.it, Di–Sa 9–13, 15.30–19.30 Uhr) hervorgehoben, wo ausschließlich Karten, Reiseführer und Kochbücher in den Regalen stehen.

Augen- und Gaumenschmaus

Pasticceria La Bomboniera J 4

Das nostalgisch anrührende Geschäft im Jugendstildekor versüßt bereits seit 1836 das Leben der Triestiner. Gebacken wir noch immer im Holzbackofen aus dem Gründungsjahr, was in Triest und vielleicht sogar in ganz Italien einmalig ist. Auf jeden Fall ist das Geschäft, in dem u. a. Sacher und Linzer Torte oder eine süße Versuchung namens Liebesbriefe *(lettere d'amore)* im Angebot sind, unter den besten Konditoreien des Belpaese gelistet. Die Inhaberfamilie Eppinger kam einst aus Ungarn in die österreichische Hafenstadt und brachte von dort u. a. das Rezept für *rigojansci*, eine cremig-schokoladige Torte, mit.

Via XXX Ottobre 3, www.pasticcerialabombo niera.com, Di–Sa 9–13, 17–20, So 9–13 Uhr

Lokale Schweinerei

Salumi Masé F 6

Eine der Triestiner Spezialitäten ist gekochter Schinken, pur genossen oder in Brotteig eingehüllt. Der Geschmack hängt natürlich von guten Zutaten, also in diesem Fall glücklich fett gewordenen Schweinen ab. Bei Masé weiß man das und hat seit 1870 Erfahrung mit der Zubereitung des Schinkens, den man hier – neben zahlreichen anderen Wurstspezialitäten – in größeren Mengen kaufen oder auf die Hand bzw. im Brötchen kosten kann.

Via Cavana 8, www.cottomase.it, Mo–Sa 8–20 Uhr

GESCHENKE, DESIGN, KURIOSES

Originelles aus Holz

Vud Design E 6

Rosa und Filippo sind von Hause aus Architekten, kommen ursprünglich aus der Lagunenstadt Venedig und kreieren Möbel, Dekorations- und Alltagsobjekte aus Nussbaum, Kirsche, Buche und Eiche. Ihre Schneidebretter sind in der Triestiner Szene schon lange Kult. Und sie passen wunderbar auch in kleine Reisetaschen.

Via Diaz 15a, www.vud-design.com, Di–Sa 10–13, 15.30–19.30 Uhr

Triests Pasticceria La Bomboniera lässt die Herzen von Süßmäulern schon seit fast 200 Jahren höherschlagen. Die verführerischen Dolci werden auch gern zum Mitnehmen eingepackt.

Upcycling im ›Irrenhaus‹
Lister Sartoria Sociale
Karte 2, G 2
Hier wird aus alten Fetzen Ökomode. Ob Stoffreste, ausgediente Pullis oder sogar Regenschirme: Vor den kreativen Schneiderlein ist nichts sicher. Das Angebot reicht von Klamotten über Taschen bis hin zu Dekoartikeln wie Kissen. Die Metamorphose vollzieht sich im Pavillon M der ehemaligen psychiatrischen Klinik von San Giovanni, deren Auflösung Psychiatriegeschichte geschrieben hat.
Via de Pastrovich 1, Mo–Fr 8.30–17.30 Uhr, 6,9, 17, 12

Kindheitserinnerungen
Boogaloo Vintage and more G 6
Hier entzückt ein kunterbunter Mix aus schönen alten Sachen aus den 1950er- bis 1970er-Jahren. Ein besonderer Clou des Hauses sind historische Taschenmodelle.
Piazza Barbacan 4a, Di–Sa 10–13, 16–19.30 Uhr

Highlights
Fontana Luce Light Lab E 6
Warum nicht ein Lampenschirm made in Triest, z. B. aus Stoff oder Pergament? Die hier ausgestellten bzw. aufgehängten Exemplare sind handgemachte Einzelstücke, wirklich originell und ein ganz besonderes Reisesouvenir.
Via Armando Diaz 14, Mo–Sa 9–12.30, 16–19 Uhr

Auf Holz klopfen
Atelier Laboratorio degli In-Perfetti E 7
Da hier nicht nur schöne Möbel, sondern auch hübsche und lokaltypische Dekorationsobjekte aus Holz gezimmert werden, finden Sie nicht nur allerhand Interessantes zum Anschauen, sondern vielleicht auch etwas zum Mitnehmen. Wie wäre es mit einem kunstvoll stilisierten Segelboot, das eine schöne Erinnerung an den Besuch der Stadt der Winde wäre?
Via Emanuele Filiberto Duca D'Aosta 6a, www.artelegnoinperfetti.it, Di–Sa 10–13, 15.30–20 Uhr

Nichts zu essen!
Delikatessen F 6
Zwar gibt es in Triest einiges an kulinarischen Leckerbissen zu entdecken, doch in diesem Laden geht es um eine andere Art von Delikatessen: Auch hier zeigt die Stadt wieder ihre Sammelleidenschaft. Allerdings sind die bunt gemischten Objekte der Begierde hier relativ jung und stammen vornehmlich aus den 1970er-Jahren.
Via Felice Venezian 10c, Mo–Sa 9.30–12.30, 16.30–19.30 Uhr

Sammlerstücke
Katastrofa F 6
Alles andere als katastrophal gestaltet sich ein Besuch in diesem eigenwilligen Antiquariat mit Objekten aller Zeiten und aller Art – darunter Jugendstilmöbel und barocke Bilderrahmen, Keramik und Glas, alte Elektrogeräte für Sammler etc.
Via Armando Diaz 4, www.katastrofa.it, Mo–Sa 10–12.30, 16–20 Uhr

Herrlich nostalgisch
Drogheria Toso K 5
In den bilderbuchreifen Schränken und Vitrinen dieses wunderschönen alten Ladens, der schon mehr als 100 Jahre auf dem Buckel hat, warten allerlei ausgefallene Artikel zur Körperpflege auf Kunden. Entsprechend gut riecht es hier. Daneben gehört eine stattliche Kollektion an Naturschwämmen zum Sortiment.
Piazza San Giovanni 6, Di–Sa 8–13, 16.30–19 Uhr

Viel (alte) Zeit
Rigatteria G 5/6
Wenn Sie ein Faible für alte Gemälde, Bücher und Karten, nostalgisches Geschirr, Besteck und Glas haben, sollten Sie viel Zeit für das Durchstöbern des bestsortierten Antiquariats im Ghetto Ebraico einplanen! Der freundliche Familienbetrieb stieg 1981 mit dem Verkauf gebrauchter Bücher ins Geschäft ein und hat heute alles, was das Sammlerherz begehrt. Schwerpunkt des Sortiments ist allerdings nach wie vor ›Flaches‹, darunter alte Drucke, Post-

karten und Fotografien mit vornehmlich maritimen Motiven aus Triests großer und guter alten Hafenzeit.

Via Malcanton 12, Di–Sa, jeder 3. So im Monat, 9–12.30, 16–19.30 Uhr, www.rigatteria.com.

MODE UND ACCESSOIRES

Per le donne

Stranomavero F 6

Antonella Caprioli macht tollen Schmuck aus Aluminium und verkauft dazu gleich die passende Kleidung, entworfen von italienischen und vorzugsweise Triestiner Modeschaffenden, gedacht für die starke und unabhängige Frau.

Via Felice Venezian 7b, www.stranomavero.biz, Di–Sa 9.30–13, 15.30–19.30 Uhr

Für menschliche Elstern

Giada J 4

Dieser Familienbetrieb existiert schon seit den 1960er-Jahren. Er glänzte früher einmal mit Gold, Silber und Juwelen und hat sich unter der Ägide der aktuellen Chefin auf die Kreation von bezahlbaren zeitgenössischen Schmuckstücken aus verschiedenen Materialien umgestellt.

Via Roma 16 c, www.giadatrieste.com, Di–Sa 10–19 Uhr

M MODA

Von Triest in die Modewelt: Modeaffine kennen das Modehaus **Curiel,** dessen Geschichte in Triest begann. Hier kleidete Ortensia Curiel im 19. Jh. die feine Gesellschaft ein, bevor ihre Nichte Gigliola nach Mailand übersiedelte, dort international durchstartete und die Schere an ihre Tochter Raffaela weitergab. Ottavio **Missoni** (1921–2013) flüchtete aus Dalmatien nach Triest und stieg dort mit Sportbekleidung ins Modemachen ein. Ebenfalls aus Dalmatien stammt Mila **Schön** (1919–2008), die in Triest aufwuchs und den Stil von Farah Diba oder Jacky Kennedy prägte. Adriano Goldschmied (geb. 1944), kreativer Kopf hinter **Diesel** und **Replay** und ›Godfather of Denim‹, erblickte in Triest das Licht der Welt.

Lauter schöne Sachen

Combiné G 6

Ludovica Fusco, Nika Furlani und Alice Paviotti – übrigens allesamt Veranstalterinnen des Kunsthandwerkermarktes Barbacan Produce (► S. 103) – verkaufen hier lauter Dinge, die das Leben (von Frauen) schöner machen, z. B. Schmuck, Mode, Bilder und Karten.

Piazza Barbacan 4 b, Di–Sa 10.30–13, 16–19.30 Uhr

Verrückte Objekte

Artematta F 6

In dem Laden vereinen zwei junge Designerinnen originellen Schmuck aus verschiedenen Materialien, darunter Stoff, Papier oder Glasperlen aus Murano, sowie Dekorationsobjekte für Haus und Garten zu ›arte matta‹, also verrückter Kunst.

Via della Pescheria 13 a, www.artematta.it, Di, Mi, Fr, Sa 10–13 Uhr.

Triestiner Taschendesign

Borsa Trieste G 6

Marco Trevisan fertigt Taschen für alle Geschlechter und jede Gelegenheit. Er tauft seine fantasievollen Kreationen aus allerfeinstem Leder auf Stadtteile und Sehenswürdigkeiten seiner Heimatstadt, deren alte Börse (Borsa Vecchia) ihm für sein Label als Markenzeichen und Logo dient.

Via delle Monache 4, www.borsatrieste.com,

Italienische Designermode

L. a. Zona. Moda e Arte F 6

In diesem Concept Store im stimmungsvollen Stadtteilumfeld des alten Ghettos weckt eine schöne Auswahl an italienischer Designermode Begehrlichkeiten.

Androna del Torchio 3, www.lazonacavana.com, tgl. 10.30–13, 15.30–19 Uhr

Sie schaffen es sonst nie auf den Markt? Jetzt gibt es keine Ausreden mehr, Sie sind schließlich im Urlaub. Spätestens wenn Sie auf dem Blumen-, Obst- und Gemüsemarkt auf der schönen Piazza Ponterosso ankommen, stellen sich warme, mediterrane Gefühle ganz von selbst ein.

FLOH- UND STRASSENMÄRKTE

Kaiser Franz Joseph lässt grüßen

Mercatino dell'Antiquariato e dell'Usato dell'Epoca H 5

In den Straßen des Ghetto Ebraico werden an jedem dritten Sonntag im Monat bei k. u. k.-Devotionalien Erinnerungen an altösterreichische Zeiten wach.

Seit 1800 am schönen Platz

Mercatino Ponterosso H 4

Als der Markt eingeführt wurde, fuhren noch Schiffe vom Meer über den nahen Canal Grande ins Zentrum der Stadt. Montags gibt's hier Blumen und von Dienstag bis Samstag Obst und Gemüse.Die Auslage ist bunt und die Stimmung gut.

Piazza Ponterosso, 7.30–14 Uhr

STÖBERSTIMMUNG AUF TERMIN

Trieste Antiqua D 6

(Meist) Ende Oktober stellen im Salone degli Incanti im Rahmen dieses Megaflohmarkts Aussteller aus ganz Europa Antiquitäten aller Art, darunter auch allerlei Hochkarätiges, aus.

Salone degli Incanti ► S. 26, http://triesteantico.com

Barbacan Produce G 6

Vielleicht haben Sie ja Glück und es findet bei Ihrem Aufenthalt gerade dieser bunte Markt für zeitgenössisches Kunsthandwerk bzw. die Kreationen aufstrebender Mode- und Objektdesigner statt. Schauplatz des Geschehens sind Piazza Barbacan, Via della Mura und Via della Crosada. Der Markt wird von Händlern aus Triest, Udine, Gorizia, Slowenien und Kroatien beschickt und Straßenmusikanten beschallt und ist ein freudig erwartetes Ereignis im Veranstaltungskalender der Stadt.

Piazza Barbacan, 5 x jährlich,
Termine: www.barbacanproduce.com.

Zentren des Nachtlebens

Vor Abendessen, Opern- oder Theaterbesuch pflegt man in Triest vielleicht noch leidenschaftlicher als anderswo im Belpaese die schöne italienische Feierabendsitte des Aperitif. Man erhebt sein Glas mit Prosecco, Weißwein oder Spritz. Den schlürft man in Begleitung herzhafter Häppchen und guter Freunde in der Bar, einem Café oder Weinlokal, etwa vor der grandiosen Kulisse des Meeres und der stimmungsvoll illuminierten Piazza dell'Unità. Anders als viele andere Orte in Italien hat die bisweilen arg windgeschüttelte Stadt einige schöne Bars und Kneipen, in denen man auch bei kälteren Temperaturen nett sitzen und versacken kann. Getanzt wird hier vornehmlich im Sommer, wenn an den Stränden der Umgebung in einigen Freiluftdiscos die Post abgeht, wohingegen saisonunabhängige Tanzlokale Mangelware sind. In einigen Kneipen, Kulturzentren und Kaffeehäusern wird sporadisch zu Konzerten aufgespielt. Ansonsten bestreiten das prächtige Opern- und Konzerthaus Teatro Verdi, ein paar andere Theater sowie mehrere Filmfestivals das für Menschen ohne italienische Sprachkenntnisse nur mäßig interessante abendkulturelle Repertoire.

In den Bars und Cafés der Innenstadt brummt der Laden fast rund um die Uhr.

ZUM SELBST ENTDECKEN

Wohin am Abend?
Die junge urbane Szene trinkt und tratscht am liebsten in einem der trendigen Lokale entlang der Achse **Via Cavana, Via Torino** und **Piazza Venezia** (🕮 D 7–F 6). Dort trifft sich die Triestiner *Movida* auch *dopocena* (nach dem Abendessen), sodass besonders im Hochsommer und am Wochenende auch noch nach Mitternacht etwas los ist. Andere Zentren des Nachtlebens vibrieren im ehemaligen **Ghetto Ebraico** (🕮 G/H 5/6), am **Canal Grande** (🕮 G–J 4) oder **Viale XX Settembre** (🕮 K–M 4), der schon im ausgehenden 19. Jh. eine angesagte Vergnügungsmeile war.

BARS & KNEIPEN

Am Puls der Zeit

Draw Food E 7

Geschmackvoll renoviertes Altstadtlokal im Upcycling- und Vintagedesign, in dem grüne Pflanzen unter der Decke hängen, guter regionaler Wein und Craft Beer ins Glas, gesunde Rohkost auf den Teller und nette Leute zusammen kommen. Paradebeispiel für die zeitgeistige Triestiner Lokallandschaft, die vornehmlich von einem Gastronomen namens Walter Gustin beackert wird, dem auch das Zeroquanta Social Food, Antico Panada und Giardino Tergesteo gehören.

Via Torino 26, 9–1 Uhr, Salat 10 €

Metropolitaner Schick

Antica Sartoria E 7

In der Bar, die ebenfalls mit gelungenem zeitgemäßem Update eines historischen Palazzo gefällt, gibt's drinnen und draußen die allseits beliebten Getränke. Dazu wird Edelfastfood aus besten Zutaten gereicht.

Via Torino 36, T 040 31 02 85, So–Sa 12–1 Uhr, Hamburger 12–15 €

Weltstadtflair

Puro E 7

Eine von den neuen Triestiner Bars, die durch frisches neues Design in einem gelungen restaurierten Altstadtgemäuer besticht und sich hinsichtlich Speisekarte und gastronomischem Habitus einen internationalen Touch gibt. Zu essen gibt's nicht nur frische Fische aus der Adria und Fleisch vom Karst, sondern auch Iberico-Schwein und Angus-Rind, zu trinken neben Spritz und Wein eine große Auswahl an Gin.

Via Torino 31, T 30 27 87, www.puroristoro.it, Di–Do 10–1, Fr, Sa 10–2, So 11–24 Uhr, Hauptgerichte 15–20 €

Gesundes Bier

Dolomitiko E 7

Das schlicht möblierte Lokal profiliert sich mit Craft Beer aus dem Veneto, das nach eigener Verlautbarung nur aus den allerbesten Zutaten, die aus der näheren Umgebung eines Ortes namens Pedavena kommen, gebraut wird. Es gibt den gesunden Gerstensaft der Marke Birra Dolomiti in mehreren Sorten, als Unterlage ist Fast Food amerikanischer Art im Angebot.

Via Torino 30, www.dolomitiko.it, T 040 30 82 40, tgl. 12–24 Uhr, Snacks ab 8 €

Ü ÜBRIGENS

Auf der Suche nach prickelndem Vergnügen? Für den Spritz, manchmal auch italienisch Sprizz geschrieben, wird Prosecco mit rotem Aperol aufgegossen oder Weißwein mit Mineralwasser verlängert. Der Spritz bianco ist vom österreichischen ›Gspritzten‹ abgeguckt.

Hochprozentiger Zwischenstopp

Gran Bar Unità F 5

Die Bar am Rande des Stadtsalons Piazza dell'Unità ist eine gern angesteuerte Station bei der abendlichen *passeggiata*, zumal Mojito und Gin Tonic hier perfekt zubereitet werden.

Piazza dell'Unità 3, T 331 442 14 84, 8–2 Uhr, Aperitif um 6 €

Mondänes Flair

Urbanis G 5

In dem Cafék assiker finden sich Triests Flaneure schon seit 1832 zu einem gepflegten Tässchen oder Gläschen ein. Er lässt das pulsierende städtische Leben des boomenden 19. Jh. erahnen und gilt heute als Toplocation für den hier in großer Auswahl und guter Qualität offerierten Aperitif. Hübsches Detail des historischen Dekors ist ein Mosaikboden mit maritimen Motiven, auf dem auch der Nordwind Bora bläst. Das Lokal ist nicht zuletzt eine erste Adresse für Süßmäuler, die hier auch am Abend mit herrlichen *dolci* verführt werden.

Piazza della Borsa 3, T 040 36 65 80, tgl. 7–1, Fr, Sa 2 Uhr

FILM UND KINO

Auch wenn die Kinos der Stadt für Sie vielleicht nicht von vorrangigem Interesse sind, weil Sie der italienischen Sprache nicht mächtig sind, muss kurz von Triest als Stadt des Films die Rede sein. Triests erstes Kino hieß **Cinema Americano** und lud bereits seit 1905 zu ersten Filmvorstellungen ein. Die Adriastadt gab mehrfach die Kulisse für international bekannte Filme ab (► S. 29), wovon man sich auf der kostenlosen App »FvG Film Locations« ein Bild machen kann, und ist alljährlich Schauplatz mehrerer Filmfestivals. Die schönsten und ältesten Kinos, darunter das **Ambasciatori** (Nr. 35, ✪ Karte 2, E 3) und **Fellini** (Nr. 37 ✪ Karte 2, E 3) liegen am Viale XX Settembre (Infos zu allen Kinos und derem Programm auf www.triestecinema.it).

Filmfestivals
Trieste Film Festival: Die Stadt präsentiert alljährlich im Januar Spiel-, Dokumentar- und Kurzfilme aus der Alpen-Adria-Region (www.triestefilmfestival.it).
Maremetraggio – ShorTS International Film Festival: Internationales Kurzfilmfestival im Juni/Juli (www.maremetraggio.com).
I 1000 Occhi: Festival für Film und Kunst, Sept. (www.imilleocchi.com).
Festival del Cinema Latino Americano: Retrospektiven südamerikanischer Regisseure bzw. italienischer Regisseure in Südamerika, Nov. (www.cinelatinotrieste.org).
Trieste Science + Fiction Festival: Nomen est Omen, Okt./Nov. (www.sciencefictionfestival.org)

Infos
www.triestecultura.it: Hier erfahren Sie alles über Theater und Kinos und deren aktuelles Programm.

Klassiker
Bar Walter ✪ H 5
Das Lokal im geschäftigen Borgo Teresiano ist schon seit 1907 mit ungebrochener Beliebtheit im Kaffee- und Aperitifgeschäft.
zu Via S. Nicolò 31, T 040 63 26 58, tgl. 8–23 Uhr.

Literarischer (Wein-)Schauplatz
Gran Malabar ✪ K 5
Auch wenn Wirt Walter Cusmich schon relativ früh die Türen zumacht: Diese wunderbare Bar kann man nicht oft genug empfehlen, schließlich hat sie in den Krimis von Veit Heinichen schon als Commissario Laurentis Lieblingslokal zu literarischem Ruhm gebracht. Da die ausgeschenkten Weine – z.B. ein frisches Glas Vitovska von Edi Kante (► S. 71) – und der perfekt zubereitete Kaffee nicht fiktiv, sondern real sind, werden aber auch Krimimuffel von dem schönen Lokal begeistert sein. Eignet sich hervorragend für den Start in den Abend.
Piazza San Giovanni 6, Mo–Sa 6.30–21, So 7–13 Uhr

In Vino Veritas
Cantina degli Ostinati ✪ E 6
Nette kleine Weinkneipe mit einer großen Auswahl an Traubensäften aus der näheren Umgebung und aller Welt, also eine gute Abendadresse für all diejenigen, denen der Spritz auf die Dauer zu langweilig ist.
Via dell'Annunziata 6, T 040 30 77 45, Di–Do, Sa 18–24, Fr 18–1, So 18–23 Uhr, Glas Wein ab 4 €

LIVEMUSIK

Wochenendkonzerte querbeet
Round Midnight ✪ Karte 2, E 3
Die Anfang der 1990er-Jahre eröffnete Bar ist eines der wenigen regelrechten Nachtlokale der Adriastadt. Am Wochenende ist dort regelmäßig Livemusik in den Sparten Jazz, Soul und Hip-Hop zu hören. Viele Lokale verlagern sich im Sommer gerne ans Meer oder betreiben dort saisonale Dependancen. Auch

das Round Midnight feiert von Mai bis September unter dem Motto ›Rogers Outdoor‹ draußen, präzise – und wie das Motto bereits vermuten lässt – auf den Vorplatz der Stazione Rogers (► S. 26).

Via Ginnastica 39, tgl. 21–3 Uhr

Blues und Biowein

Mast G 4

Mit Thonetstühlen und ausrangierten Kinosesseln möblierte Bar mit freundlicher Atmosphäre, jungem Publikum und einer guten Wein-, Bier- und Cocktailauswahl. Der Wein ist bio und das Bier *artigianale*, wie das allerorten angesagte Craft Beer auf Italienisch heißt. Es gibt leckere Kleinigkeiten zu essen, manchmal legt ein DJ auf, hin und wieder gibt's Livemusik, vorzugsweise Blues.

Via San Nicolò 3b, T 040 348 17 03, www.musicclub.eu/locali/mast-trieste, tgl. 17.30–2.30 Uhr

Alternativkulturkneipe

Knulp F 7

Das Knulp, getauft auf eine literarische Figur von Hermann Hesse, ist eine sympathische Kombination aus Kneipe und Kulturzentrum, die 2003 eröffnet wurde und in diesem Segment inzwischen eine Triestiner Institution ist. Es integriert eine kleine Buchhandlung, präsentiert regel-

Ü
ÜBRIGENS

Einer Zeitungsmeldung vom Februar 2018 zufolge sucht man nach einem neuen Geschäftsführer für das Strandbad **Diga di Trieste,** das auf einer der Stadt vorgelagerten Insel liegt und in den Sommermonaten ein Hotspot des Triestiner Nachtlebens war. Ob Bade-, Bar- und Tanzbetrieb in Zukunft weitergehen und man nach wie vor vom Molo Audace mit einem Boot kostenlos übersetzen kann, war bei Redaktionsschluss noch nicht klar. Infos vielleicht auf der Website der Location, die immerhin noch geschaltet war bzw. ist: www.ladigaditrieste.it.

Lust auf Tanzen? Drinnen kann man das in Triest sowieso das ganze Jahr über. Am liebsten tut man's aber im Sommer, draußen, wenn einem dabei die frische Meeresbrise um die Nase weht: Viele Läden eröffnen dann eine ›Zweigstelle‹ am Adriaufer.

WO DIE MUSIK SPIELT

Insbesondere von Herbst bis Frühjahr, wenn es auf Straßen und Plätzen schon oder noch zu kalt ist oder gar die berühmt-berüchtigte Bora über die Stadt fegt, gibt es nicht nur in den großen Theatern Klassisches, Rockiges oder Jazziges auf die Ohren. Einer der Veranstalter ist die örtliche Musikschule, die **Casa della Musica** heißt und sporadisch zu Konzerten unterschiedlicher musikalischer Genres einlädt (www.scuolamusica55.it). Das gilt auch für die andernorts bereits als Architekturdenkmal gewürdigte **Stazione Rogers,** die sich von der Tankstelle zum urbanen Kulturzentrum gemausert hat (▶ S. 26), oder das schöne Jugendstilcafé **San Marco,** von dem ebenfalls schon an anderer Stelle die Rede war (▶ S. 49). In einigen wenigen Kneipen (siehe Rubrik ›Livemusik‹) wird mehr oder minder regelmäßig musiziert, wobei diejenigen, die keine eigene Website unterhalten, ihre besonderen Events auf Facebook posten, was auch für die unten aufgeführten In- und Outdoordiscos gilt.

mäßig Livekonzerte – dienstags z. B. den Abend »Jazz al Knulp« –, Ausstellungen und Lesungen, ist bisweilen ein Forum lokal- und kulturpolitischer Diskussion und bei älteren Alternativen wie jungen Kreativen gleichermaßen beliebt.

Via Madonna del Mare 7, T 040 30 00 21, www.knulp.org, Bar Mitte März–Mitt Okt. Mo–Sa 10–24 Uhr, sonst Mo 15–24, Di–Sa 10–24, So 15–20 Uhr

Die 1960er lassen grüßen
Trattoria Antico Spazzacamino ✪ Karte 2, E 4

Die Trattoria in kunterbuntem Vintage-Design gleicht vom Ambiente her einem Indoor-Flohmarkt. Vor dessen Kulisse wird Passables aus der lokalen Fischküche gegessen, nicht zu knapp getrunken und gerne musiziert. Es herrscht ausgelassene Stimmung, donnerstags ab 21 Uhr wird immer Musikalisches serviert.

Via delle Settefontane 66, T 040 94 51 60, Di–Sa 8–16, 19–23.30 Uhr, Menü um 30 €, Bus 11, 22

Eher für Hippies denn für Hipster
MushrooM ✪ L 6

Bar und Treffpunkt für lokale Künstler, die sich hier sporadisch mit Ausstellungen, theatralischen und musikalischen Darbietungen produzieren.

Via Maurizio 4b, T 331 169 06 27, tgl. 18–3 Uhr

TANZEN

Rocken rund ums Jahr
Colonial Super Club ✪ G 5

Hier kann man das ganze Jahr über inmitten eines altersgemischten Publikums und zu wechselnden Musikstilen tanzen. Mittwochs gibt's bisweilen Reggae und Hip-Hop, am Wochenende ist man auf House eingestellt.

Via Canal Piccolo 2 c, T 338 605 28 63, Di, So 21–2, Mi 23–4, Fr, Sa 23.30–4.30 Uhr, Eintritt ca. 10 €

Sommertanz
Cantera Social Club ✪ Karte 3, A 1

Im Sommer nehmen tanzwütige Triestini die (Discobus-)Reise mit dem Cantera Express in Kauf, um in der Bucht von Sistiana zu Latin, House und Hip-Hop das Tanzbein zu schwingen.

Sistiana, Area Caravella, Mai–Sept. Do 23–3, Fr, Sa 10–4 Uhr, Eintritt 10 €, Cantera Express ab Piazza dell'Unità 23.30, 0.30, Rückfahrt von Sistiana 4 und 5 Uhr, 5 €

Kultpartys
Bagno Ausonia ✪ A7

Die Disconächte auf der Terrasse des historischen Strandbades Ausonia sind Kult. Meine Triestiner Freundinnen schwören darauf.

Riva Traiana 1, www.ausonia.trieste.it, die Öffnungszeiten sins saisonabhängig, daher bitte vor Ort erfragen

THEATERLANDSCHAFT TRIEST

Oper, Operette und Konzert
Triests elegantes Opernhaus, das **Teatro Giuseppe Verdi** (G 5, www.teatroverdi-trieste.com, Foto), wurde zwischen 1798 und 1801 von denselben Architekten wie Venedigs Fenice erbaut und 1901 auf Verdi getauft, ist eine an sich schon erlebenswerte Kulisse für Opern, Konzerte und Ballett und das hochkulturelle Aushängeschild der Stadt. Bis vor einigen Jahren fand hier alljährlich ein Operettenfestival statt. Bis das – worum sich einige in der Stadt bemühen – reanimiert wird, werden sporadisch Operettenaufführungen ins Programm des Opernhauses integriert.

Leichte Muse
Das **Teatro Politeama Rossetti** (Karte 2, E 3, www.ilrossetti.it), ein Theaterbau vom Ende des 19. Jh., macht seine Bühne für Gastspiele in den Sparten Musical, Schauspiel und Schlager frei. Es ist zwar architektonisch nicht so schön wie das Teatro Verdi, aber ebenso imposant. Der zentrale Theatersaal ist ein Traum in Himmelblau.

Bunter Programmmix
Das **Teatro Miela** (G 3, www.miela.it) wurde 1990 von der Kooperative Bonaventura gegründet, die dort bis heute ein buntes Programm aus Musik, Schauspiel, Film und Kabarett auf die Bühne bzw. die Leinwand bringt.

Minderheitentheater
Der bereits 1907 gegründete Musentempel **Il Teatro Stabile Sloveno** (Karte 2, E 4, www.teaterssg.com) ist das einzige fremdsprachige Theater Italiens. Bespielt wird es von Künstlern, die aus Triests slowenischer Minderheit stammen. Es fühlt sich der Pflege der slowenischen Traditionen verpflichtet, versteht sich aber auch als eine Brücke zwischen italienischer und slawischer Kultur. Sehenswert trotz Sprachbarriere.

Triestiner Zunge
Im **Teatro Orazio Bobbio: La Prosa in Dialetto** (Karte 2, E 4, www.contrada.it) können Sie sich eine Vorstellung vom Triestino machen, das manche nicht nur für einen Dialekt, sondern eine eigene Sprache halten. Die Bühne wird vom 1976 von Schauspieler Orazio Bobbio und Kollegen gegründeten Teatro Popolare La Contrada bespielt und bietet auch Vorstellungen für Kinder und Jugendliche an.

Hin & weg

Ankunft

Mit dem Flugzeug
Vom Flughafen ins Stadtzentrum: Der **Aeroporto di Trieste – Friuli Venezia Julia** (https://triesteairport.it) liegt ca. 40 km von der Stadt entfernt und ist mit der Buslinie E 51 (www.aptgorizia.it) an die Stadt angebunden. Er wird allerdings ausschießlich von München angeflogen und bedient ansonsten nur inneritalienische Strecken (www.aeroporto.fvg.it). Eine Alternative wäre ein Flug nach Venedig, Aeroporto Marco Polo (www.veniceairport.it), von wo Busse nach Triest fahren (www.buscenter.it). Außerdem gibt es vom Bahnhof Venedig gute Zugverbindungen zur **Stazione Centrale** (🕮 H 1, Piazza della Libertà 11) in Triest.

Mit Bahn und Bus
Da die norditalienischen Regionen relativ nah und gut ans mitteleuropäische **Eisenbahnnetz** angebunden sind, hat die Anreise mit der Bahn im Sinne der Nachhaltigkeit Empfehlungspriorität. Nach Triest geht's von allen drei deutschsprachigen Ländern via Villach und Udine. Heimische Reisebüros sowie die deutsche, österreichische, Schweizer und italienische Bahn informieren über Fahrpläne und Spartarife. Wer noch mehr für die Umwelt tun will: Fahrrädern in ausgewählte Zügen (www.bahn.de, www.oebb.at, www.sbb.ch, www.trenitalia.com) mitnehmen!
Europabusse fahren zu recht günstigen Preisen Rimini, Venedig und Udine an, von wo man mit Zug oder Bus nach Triest weiterfahren kann (www.eurolines.it).

Am liebsten bewegen sich die Italiener auf zwei flotten Rädern durch die Stadt – motorisierten wohlgemerkt – und die Triestiner machen da keine Ausnahme. Für Fußgänger und Barbesucher ist das manchmal weniger angenehm, aber was wäre Italien ohne Vespa-Geknatter?

SICHERHEIT & NOTFÄLLE

Es gelten die allerorts angeratenen Vorsichtsmaßnahmen: Keine Wertgegenstände im Auto liegen lassen, dieselben im Hotelsafe deponieren oder in größeren Menschenmengen zumindest diebstahlsicher verstauen.

Carabinieri- und Notfallrettung: 112
Polizei: 113
Notruf auf See: 15 30
Pannenhilfe des ACI: 80 31 16
ADAC: +49 89 22 22 22 (aus dem Festnetz), 22 22 22 (vom Handy)
Feuerwehr: 115
Ambulanz: 118

Bei EC- und Kreditkartenverlust: +49 116 116

Honorarkonsulat der Bundesrepublik Deutschland in Venedig: Fondamenta Condulmer, S. Croce 251, T 041 523 76 75, venedig@hk-diplo.de
Österreichisches Konsulat in Venedig: Fondamenta Condulmer, S. Croce 251, T 041 524 05 56, consolato.austria@zoppas.com
Schweizer Konsulat in Venedig: Campo S. Agnese, Dorsoduro 810, T 041 522 59 96, www.eda.admin.ch, venezia@honrep.ch

Für den kleinen ökologischen Fußabdruck

Für durchtrainierte Süddeutsche und Österreicher käme sogar eine gänzlich emissionsfreie Anreise über den **Alpe-Adria-Radweg** von Salzburg nach Grado in Frage (www.alpe-adria-radweg.com). Von dort könnte man nach Triest weiterstrampeln, wo der Drahtesel vielleicht besser im Stall bleibt (s. u.).

Mit dem Auto

Urlauber mit Destination Triest nehmen die Tauernautobahn über Klagenfurt und Villach, halten sich Richtung Udine (A 23) und wechseln dann auf die A 4. In Österreich ist spätestens an der Grenze eine Vignette zu erwerben. In Italien zahlt man etappenweise, bar, per Kreditkarte oder Viacard, die man beim heimischen Automobilclub, an Grenzstationen oder Raststätten kaufen kann.

INFORMATIONEN

Vor der Reise

Die italienische Zentrale für Tourismus **ENIT** (Ente Nazionale Italiano per il Turismo) unterhält Informationsbüros in **Frankfurt** und **Wien** und hat die Website www.enit.de (siehe unter ›Im Internet‹) geschaltet.
– ENIT-Direktion für Deutschland, Österreich und die Schweiz: Barckhausstr. 10, 60325 Frankfurt a. M., T 069 23 74, Mo–Fr 9.15–17 Uhr, telefonisch erreichbar Mo–Fr 9.15–13, 14.30–17 Uhr.
– ENIT-Büro Österreich, Mariahilfer Str. 1b, T 01 505 16 39, www.enit.at, vienna@enit.it, Di–Do 9–12.30 Uhr

In Triest

Infopoint Turismo FVG Trieste: Via dell Orologio 1/Ecke Piazza dell'Unità

RABATTKARTE

FVG-Card
Die FVG-Card, die u. a. im Infopoint an der Piazza dell'Unità d'Italia (► S. 20) erhältlich ist, lohnt sich für Besucher, die mehrere Tage in der Stadt sind, allemal. Die (nicht übertragbare) Chipkarte gewährt freien Eintritt in fast allen Museen und Vergünstigungen bei Führungen, Exkursionen etc. in ganz Friaul-Julisch Venetien und gilt zwei, drei oder sieben Tage (18 €, 21 €, 29 €).

d'Italia, T 040 347 83 12, www.turismo fvg.it, Mo–Sa 9–18, So 9–13 Uhr

Im Internet

www.enit.de: allgemeine Informationen rund ums Reisen nach und in Italien, mehrheitlich auf deutschsprachige Homepages verlinkt

> **F**
> **FOTOGRAFIE**
>
> Wer sich für moderne Videokunst und Fotos interessiert, sollte der Kneipe Knulp (► S. 107) einen Besuch abstatten. An deren Theke lernte ich den sympathischen freiberuflichen Fotograf und Videokünstler **Massimo Tommasini** kennen, er stand nämlich hinter derselben, weil er sich trotz mehrfach preisgekrönter Foto- und Videoarbeiten in der Gastronomie ein ›Zubrot‹ verdient. Massimo wurde 1971 in Triest geboren, betätigte sich in den letzten Jahren u. a. als Starporträtfotograf auf den Filmfestspielen von Venedig, beteiligte sich an Film- und Fotoprojekten über Flüchtlinge, z. B. im griechischen Idomeni, führte Regie bei Modeaufnahmen und Konzertmitschnitten. In den Jahren 2016 bis 2018 zeigte er seine Fotoausstellungen »Idomeni, l'altra faccia dell'Europa« (»Idomeni, das andere Gesicht Europas«) und »Nice City Trieste – Storie di rifugiati e di accoglienza« (»Geschichten von Flüchtlingen und Gastfreundschaft«) an mehreren Kulturveranstaltungsorten in Triest und Umgebung. Auch das Foto aus dem Alten Hafen von Triest, das er freundlicherweise für diesen Reiseführer beisteuerte (► S. 28), stammt von ihm. Wer mehr von ihm sehen will, kann seine Website (www.massimotommasini.it) und mit etwas Glück vielleicht eine seiner Ausstellungen vor Ort besuchen.

www.turismofvg.it: die Region Friaul Venezia Giulia im Netz, auch auf Deutsch
www.comune.trieste.it: Infos rund um alle Aspekte des Lebens in Triest von der Kommune, auf Italienisch
www.discover-trieste.it: Informationen, Veranstaltungstipps und Hintergrundinfos, auch auf Deutsch

UMWELTFREUNDLICH UNTERWEGS

Bus und Schiff: Die Busse der Gesellschaft **Trieste Trasporti** (www.triestetrasporti.it) fahren innerhalb der Stadt und in die Umgebung von Triest. TT betreibt auch die Tram di Opicina schickt ganzjährig Schiffe nach Muggia sowie und saisonal (Juni–Sept.) zu den Stränden von Barcola (Karte 3, C 3), Grignano (Karte 3, B 2) und Sistiana (Karte 3, A 1, Molo Bersaglieri). **Tickets** kosten einzeln 1,25 €, für den ganzen Tag 4,35 € und sind an Automaten, in Tabakwarengeschäften, am Bahnhof oder an der Piazza Oberdan (J/K 3) erhältlich.
Praktisch ist der gedruckte und stets aktualisierte **Fahrplan** der Trieste Trasporti (Guida Al Trasporto Pubblico Locale a Trieste E Carta Dei Servizi), den man auf Nachfrage und gratis beim Infopoint Turismo (► S. 111) erhält.

Mit dem Rad

Fürs Radfahren in und um Triest braucht man gute Nerven und Kondition, weil regelrechte Radwege so gut wie nicht vorhanden und die Straßen nicht nur viel befahren, sondern mitunter auch steil und schweißtreibend sind. Wenn Sie es dennoch mit den widrigen Bedingungen aufnehmen wollen, hilft die Website www.piste-ciclabili.com weiter, die einige landschaftlich attraktive Touren für die Gegend kartografiert und kommentiert.

Parken

Wer sein Auto während des Aufenthalts unterstellen möchte, kann dafür mehre-

MIT DEM WIND

Weil in Triest viele mit Leib und Seele segeln, ist die am zweiten Oktobersonntag ausgerichtete weltgrößte Segelregatta **Barcolana** das wichtigste Volksfest der Stadt. Gut eine Viertelmillion Menschen feuern dann durchschnittlich 20 000 Segler auf gut 2000 Booten an. Drumherum gibt's Sonderveranstaltungen wie die **Barcolana Classic** mit historischen Booten oder die **Barcolana by Night** und natürlich ist rund um dieses Ereignis auch an Land allerhand los (www.barcolana.it).

re Parkhäuser nutzen, infrage kommen z. B. Silos (🕮 H 1, Piazza della Libertà 9) und Molo IV (Molo IV, 🕮 G 3).

(Stadt-)Wandern
Der Tourismusverband bietet von Juni bis September täglich um 10.30 Uhr und ansonsten in der Regel an den Wochenenden (genaue Termine bitte vor Ort erfragen) geführte **Stadtrundgänge** an, für die man sich vorher anmelden muss (9 €). Nachmittags gibt es auch thematische Führungen, z. B. unter literaturhistorischen Aspekten (in der Touristeninfo zu erfragen). Wer lieber auf eigene Faust loszieht, bekommt in der Touristeninfo Audioguides (5 €, 2 Pers. 8 €).
Obendrein schlägt die Stadt Triest in print (entsprechende Broschüren gibt's beim Infopoint, ► S. 111) und online (http://itinerari.comune.trieste.it) auch in deutscher und englischer Sprache **Spaziergänge** zu verschiedenen Themenwelten vor: Zum Beispiel kann man anhand der ›Itinerari Letterari‹ in den biografischen Fußstapfen von Italo Svevo, James Joyce, Umberto Saba (► S. 44) und Fulvio Tomizza (1935–99) wandeln.
Wer sich eher für Geschichte und die antike oder mittelalterliche Stadt interessiert, wählt den ›Itinerario Archeologico‹ oder den ›Itinerario Medievale‹. Die architektonischen Highlights des Jugendstil nimmt die ›Liberty Route‹, die des Neoklassizismus der ›Itinerario Neoclassico‹ in den Fokus – um nur einige wenige der dort vorgeschlagenen Thementouren zu nennen.

O-Ton Triest

clanfa
ein Kopfsprung ins Wasser

mula
Mädchen

ANDAR AL BAGNO
im Meer baden gehen

Nero
Espresso

Perbacco!
Donnerwetter!

Cosa nasi?
Was ist los?

IDEM CON PATATE
dasselbe in grün

nato in barca
wörtlich: auf dem Boot geboren
sagt man, wenn jemand nie die Tür schließt

Wiz
Witz

el binbin
Penis

ciàcola
Schwätzchen

Das Klima im Blick

Reisen bereichert und verbindet Menschen und Kulturen. Wer reist, erzeugt auch CO_2. Der Flugverkehr trägt mit bis zu 10 % zur globalen Erwärmung bei. Wer das Klima schützen will, sollte sich – wenn möglich – für eine schonendere Reiseform entscheiden oder die Projekte von atmosfair unterstützen. Flugpassagiere spenden einen kilometerabhängigen Beitrag für die von ihnen verursachten Emissionen und finanzieren damit Projekte in Entwicklungsländern, die dort den Ausstoß von Klimagasen verringern helfen (www.atmosfair.de). Auch die Mitarbeiter des DuMont Reiseverlags fliegen mit atmosfair!

Abbildungsnachweis

Volker Eisenhut, Bochum: S. 44, 120/2
Getty Images, München: Faltplan, Titelbild (Maremagnum); S. 36 (Modadori Portfolio)
Glow Images, München: S. 109 (Deposit Photos)
Huber-Images, Garmisch-Partenkirchen: S. 74, 90, 104 (Amantini); 48 (Carassale); 24, 68, 77 (Cogoli); 73 (Da Ros); 85 (Fantuz); Umschlagklappe vorn, 50, Umschlagklappe hinten (Mezzanotte); 63 (Pavan); 4 o. (Raccanello); 12/13 (Simeone)
iStock.com, Calgary (Kanada): S. 40 (gameover); 4 u. (RyanJLane); 52 (Silberkorn)
Annette Krus-Bonazza, Bochum: S. 39, 92, 120/6
laif, Köln: S. 56, 66, 82 (Contrasto/TerraProject/Donati); 8/9 (Fechner); 70, 107 (LeFigaro/Gladieu); 88, 95, 96, 100, 120/3 (LeFigaro/Frignet); 14/15 (Linkel); 16/17, 80 (NYT/Redux/Goia); 120/7 (Ohlbaum); 120/8 (Rea/Grangier); 20 (Zinn); 120/4
Maurizio Lorber, Triest: S. 120/5
Mauritius Images, Mittenwald: S. 120/9 (Alamy/Fearn); 7 (Alamy/Kirsch); 99 (Alamy/Mottola); 32 (Alamy/Viennaslide); 41 (enricocacciafotografie) 23 (imagebroker/Petersen); 98, 110 (imagebroker/Segerer)
Massimo Tommasini, Triest: S. 28
picture-alliance, Frankfurt a. M.: S. 113 (Borlenghi)
Schapowalow, Hamburg: S. 78/79 (Fantuz)
Shutterstock.com, Amsterdam (NL): S. 86 (Baloncici); 103, 120/1 (bepsy); 60 (Mikhail Varentsov)
Zeichnung S. 5: Antonia Selzer, Stuttgart
Alle weiteren Zeichnungen: Gerald Konopik, Fürstenfeldbruck

Zitat

Umschlagklappe hinten: Veit Heinichen, Ami Scabar, Triest – Stadt der Winde, © 2011, Carl Hanser Verlag GmbH & Co. KG, München

Kartografie

DuMont Reisekartografie, Fürstenfeldbruck
© DuMont Reiseverlag, Ostfildern

Umschlagfotos

Titelbild: Canal Grande im Stadtteil Borgo Teresiano
Umschlagklappe hinten: Barkeeper im Giardino Tergesteo an der Piazza dell'Unità d'Italia

Hinweis: Autorin und Verlag haben alle Informationen mit größtmöglicher Sorgfalt geprüft. Gleichwohl sind Fehler nicht vollständig auszuschließen. Alle Angaben erfolgen ohne Gewähr. Bitte schreiben Sie uns! Über Ihre Rückmeldung zum Buch und Verbesserungsvorschläge freuen sich Autorin und Verlag:
DuMont Reiseverlag, Postfach 3151, 73751 Ostfildern,
info@dumontreise.de, www.dumontreise.de

FSC
www.fsc.org
MIX
Papier aus verantwortungsvollen Quellen
FSC® C124385

1. Auflage 2019

Autorin: Annette Krus-Bonazza
Redaktion/Lektorat: Doreen Reeck
Bildredaktion: Doreen Reeck
Grafisches Konzept: Eggers+Diaper, Potsdam
Printed in China

Kennen Sie die?

Domenico Rossetti

Der gelernte Jurist (1774–1842) hat sich als Lokalhistoriker betätigt und besonders um die Erforschung der antiken Stadtgeschichte verdient gemacht hat. Er ist Namenspatron des zweitältesten Theaters der Stadt.

Simone Rainer

Die gebürtige Österreicherin managt mit Leib und Seele die Triestiner Filiale der Piccola Università Italiana. Sie kam von Berufs wegen nach Italien – und blieb der Liebe wegen. In Triest hat sie eine neue Heimat gefunden.

James Joyce

Der irische Schriftsteller, der von 1904 bis 1915 in Triest lebte und arbeitete, wurde von der Adriastadt gewissermaßen adoptiert und ist hier nicht nur in Gestalt eines lebensechten Bronzedenkmals auch postum präsent.

Riccardo Illy

Der Spross der 1933 in Triest gegründeten Kaffeerösterdynastie. Riccardo Illy engagierte sich aber auch politisch, war von 1993 bis 2001 Bürgermeister von Triest und 2003 bis 2008 Präsident der Region Friaul-Julisch Venetien.

Maurizio Lorber

Der promovierte Kunsthistoriker ist seit vielen Jahren in kulturellen Diensten seiner Heimatstadt. Er war Museumspädagoge des Museo Revoltella, leitet die Risiera San Sabba und publizierte Texte zu Architektur und Kunst.

Ami Scabar

Die begnadete Köchin und Botschafterin der Triestiner Vielvölkerküche betreibt das »Scabar«, schrieb Kochbücher und gemeinsam mit ihrem Partner Veit Heinichen den kulinarischen Reiseführer »Triest. Stadt der Winde«.

Veit Heinichen

Commissario Laurenti ermittelt im Auftrag des deutschen Autors Veit Heinichen, der seit 1991 in Triest lebt und seine Wahlheimat zum Schauplatz seiner Krimis auserkoren hat.

Claudio Magris

Der 1939 in Triest geborene, international preisgekrönte Autor und Übersetzer ist der wahrscheinlich letzte Kaffeehausliterat der Stadt – er ist gerne im Caffè San Marco.

Scipio Slataper

Die einzige Publikation des glühenden Verfechters der Befreiung Triests von den Österreichern blieb »Il mio Carso« (Mein Karst, 1912). Er fiel 1915 27-jährig im Krieg.